Kauderwelsch
Band 120

Impressum

Hermann und Hans-Jürgen Fründt
Plattdüütsch – das echte Norddeutsch
erschienen im
Reise Know-How Verlag Peter Rump GmbH
Osnabrücker Str. 79, D-33649 Bielefeld
info@reise-know-how.de

10. Auflage 2021

Layout und Kartografie Reise Know-How Verlag
Layout-Konzept Günter Pawlak, FaktorZwo! Bielefeld
Umschlag Reise Know-How Verlag
(Fotos: Hans-Jürgen Fründt, majonit/Adobe Stock))
Illustrationen Stefan Theurer
Druck und Bindung Silber Druck oHG, Lohfelden

ISBN 978-3-8317-6563-8

Printed in Germany

Die Internetseiten mit Aussprachebeispielen und der Zugriff auf diese über QR-Codes sind eine freiwillige, kostenlose Zusatzleistung des Verlages. Der Verlag behält sich vor, die Bereitstellung des Angebotes und die Möglichkeit der Nutzung zeitlich und inhaltlich zu beschränken. Der Verlag übernimmt keine Garantie für das Funktionieren der Seiten und keine Haftung für Schäden, die aus dem Gebrauch der Seiten resultieren. Es besteht ferner kein Anspruch auf eine unbefristete Bereitstellung der Seiten.

Bibliografische Information der Deutschen Nationalbibliothek
Die Deutsche Nationalbibliothek verzeichnet diese Publikation in der Deutschen Nationalbibliografie; detaillierte bibliografische Daten sind im Internet über ***dnb.dnb.de*** abrufbar.

Kauderwelsch

Hermann und
Hans-Jürgen Fründt

Plattdüütsch

das echte Norddeutsch

Kauderwelsch „Dialekt" heißt:

- Schnell mit dem **Sprechen** beginnen, auch wenn nicht immer alles korrekt ist.
- das Kauderwelsch der alteingesessenen Bewohner vor Ort mit all seinen fremdartig und zuweilen lustig klingenden Lauten und Ausdrücken wirklich verstehen, und sich in **die Lebensart, das Lebensgefühl, die Lebensphilosophie** der Menschen vor Ort einzufühlen. Denn ein Dialekt ist nie nur eine andere Art zu sprechen, sondern Ausdruck einer anderen Art zu denken, fühlen, genießen, leben und zu lieben.
- Es geht um die **Alltagssprache,** also das, was man tatsächlich auf der Straße hört.
- Die **Autorinnen und Autoren** werden Sie immer wieder zum Schmunzeln bringen und auf unterhaltsame Weise die Mentalität und und das Lebensgefühl des jeweiligen Sprachraums vermitteln.

Kauderwelsch-Dialektführer sind keine Lehrbücher, aber viel mehr als traditionelle Reisesprachführer. Es erwarten Sie sprachliche Leckerbissen, gespickt mit **umgangssprachlichen Floskeln, Redewendungen und lockeren Sprüchen,** die den Mutterwitz der Bewohner charakterisieren.

Talk to each other!

Kauderwelsch und noch viel mehr:

www.reise-know-how.de

- **Immer** und **überall** bequem in unserem Shop einkaufen
- Mit **Smartphone, Tablet** und **Computer** die passenden Reisebücher und Landkarten finden
- **Downloads** von Büchern, Landkarten und Audioprodukten
- Alle **Verlagsprodukte** und **Erscheinungstermine** auf einen Klick
- **Online** vorab in den Büchern **blättern**
- Kostenlos **Informationen, Updates** und **Downloads** zu weltweiten Reisezielen abrufen
- **Newsletter** anschauen und abonnieren
- Ausführliche **Länderinformationen** zu fast allen Reisezielen

Inhalt

Inhalt

Anhang

DU SCHIETBÜDEL STEIHST MIT DIEN WOGEN IN'T HOLVERBOT – NU SCHALLST DU TWINTIG MARK BETOLEN?!

Vorwort

N büschen dröge sollen sie sein, maulfaul obendrein, kriegen einfach die Zähne nicht auseinander. Und wenn doch mal, dann versteht man sie nicht. Von wem die Rede ist? Von den Plattdeutschen, den Nordlichtern, oder ganz allgemein von den Norddeutschen. Stur, steif, stolz und stumm, eben richtige Fischköppe, wie nie gezählte Schmährufe behaupten.

Dabei ist schon der Ansatz falsch. Die Norddeutschen haben sich genauso viel zu erzählen wie alle anderen Menschen auch, sie kommen nur mit weniger Sätzen aus. Kommen einfach schneller zum Kern, formulieren keine langen Umwege. Immer direkt auf den Punkt und nicht viele Worte verlieren. Da schimmert dann auch schon eine gehörige Portion vom Charakter durch. Bodenständig, zupackend, den Naturgewalten trotzend – haben eben wenig Zeit für lange Reden.

Die Sprache ist nicht viel anders, bewahrt seit Jahrhunderten ihre Eigenart, wie die Menschen. So sind Sprache und Menschen verwoben, der Plattdüütsche ist geprägt von Wind und Wetter, von seiner Umgebung eben, und die prägt auch die Sprache, ein geschlossener Kreis.

Nicht leicht als Außenstehender da einzudringen, als Zugezogener, als Quiddje, wie es hier heißt. Wer aber einen Anfang macht, wenigstens versucht, Plattdeutsch zu sprechen, stößt die Tür schon gewaltig auf, etwa 2 Millimeter, vielleicht. Der Rest kommt dann von alleine, und irgendwann ist man integriert, so in etwa in der dritten Generation, frühestens. Aber das soll niemanden davon abhalten, einen Versuch zu wagen. Die Plattdeutschen können äußerst humorvoll und warmherzig sein, Sie werden es erleben, wenn Sie sie erstmal verstehen!

Wie dat alln's anfungen is

Fangen wir mit der grundlegenden Frage an: Was ist nun eigentlich unter Platt zu verstehen? Nicht ganz einfach. Die Linguistik kommt mit Formeln, der Brockhaus mit Fakten, mein Nachbar, plattdeutsch erzogen, zuckt nur die Schultern: Wet ik nich. Greifen wir deshalb ein wenig in die Historie, aber nicht allzu tief. Unsere Ur-Vorfahren waren noch weit davon entfernt, ein Volk zu sein. Sie lebten in den unterschiedlichsten Stämmen und sprachen jeweils ihre Stammessprachen, und die unterscheiden sich voneinander. Schon damals konnten sich friesische Marschbauern nicht mit dem bayerischen Almsenner unterhalten, eine allgemein verständliche gemeinsame Sprache existierte nur im kirchlichen Bereich, das Latein. Der hohe Norden war damals, das heißt im frühen Mittelalter, vom Stamm der Sachsen bewohnt, schon damals als reiselustiges Völkchen berühmt. Wenig ist überliefert aus diesen sprachlichen An-

fängen, aber das damals von den Sachsen im platten Land gesprochene Alt-Sächsisch gilt heute als erste Stufe des Niederdeutschen.

Lange dauerte es, bis sich so etwas wie eine gemeinsame, quasi „stämmeübergreifende" Sprachebene herausbildete, das geschah so etwa im 7. Jahrhundert n. Chr. Dazu veränderten sich etliche Bestandteile der einzelnen Dialekte, es wurde hier ein wenig sprachlich aufgegeben, dort ein wenig die Wörter abgeschliffen, und heraus kam so etwas wie ein gemeinsames Idiom. Dieses Phänomen war im Süden stärker ausgeprägt als im Norden, woraus wir erkennen, dass hier die Norddeutschen schon frühzeitig ihren dicken Kopp *(dicken Kopf)* bewiesen. Eine dieser Verschiebungen machten sie nicht mit, getreu dem Motto dat Ole is goot to beholen – *das Alte ist gut zu behalten.* Die Wissenschaft kommentiert diesen Fall beinahe norddeutsch-trocken: „Das Niederdeutsche unterscheidet sich von ober- und mitteldeutschen Mundarten dadurch, dass es die zweite Lautverschiebung im 6./7. Jahrhundert nicht mitmachte." Alln's kloor?

Vor allem Konsonanten waren von dieser Lautverschiebung betroffen, besonders p, t und k, aber dazu später mehr. Aber wie schon angedeutet, unsere plattdeutschen Vorfahren machten da nicht mit. Die Linguistik zieht deshalb eine Sprachgrenze quer durch Deutschland, die sogenannte „Benrather Linie". Nördlich einer gedachten Linie von Düsseldorf-Benrath über Göttingen nach Magdeburg wird laut linguistischer Definition niederdeutsche Mundart gesprochen. Und hier kommt auch der Begriff „Plattdeutsch" erstmals ins Spiel, denn für die Linguistik ist Platt nichts weiter als ein anderes Wort für die Mundart, die im norddeutschen Raum gesprochen wird. Allerdings muss ein wenig differenziert werden, denn von einer einheitlichen niederdeutschen Mundart, von einem einheitlichen Platt, kann nicht die Rede sein. So haben sich speziell an der Nordseeküste friesische Dialekte herausgebildet, die sich deutlich vom allgemeinen Platt unterscheiden.

Ebenso fällt in die „Benrather Linie" auch das westfälische und brandenburgisch-märkische Platt. Diese werden hier nicht behandelt. Unser Blick richtet sich auf das Gebiet Schleswig-Holstein, Niedersachsen, Hamburg, Bremen und (teilweise) Mecklenburg. Das in dieser Region gesprochene Platt soll das Thema sein, also ungefähr das Gebiet zwischen Nordseeküste, dänischer Grenze, Mecklenburg und Harz.

Plattdüütsch hüüt un güstern

Das niederdeutsche Idiom war eine ganze Zeit lang (vom 13. bis zum 16. Jahrhundert) die vielleicht wichtigste Sprache zumindest in Nordeuropa, sie war Handelssprache der weitverzweigten Hanse. Die Hanse ging unter, die Sprache blieb erhalten, über Jahrhunderte sprach man in Norddeutschland Niederdeutsch. Hochdeutsch kam nur ganz langsam auf, natürlich zunächst in den Städten. Beschleunigt wurde diese Tendenz noch, seit die Kinder in den Schulen auf Hochdeutsch unterrichtet wurden. Hochdeutsch wurde Schriftsprache, dagegen sprachen die Handwerker, Seemänner und Kneipenhocker weiterhin Platt. Hochdeutsch wurde die „feinere" Sprache. In den Städten sprach man immer seltener Platt, in den Dörfern war und ist es teilweise noch anders. Plattdeutsch drohte langsam aber sicher auszusterben. Wie viele Menschen heute noch Platt sprechen, ist nicht bekannt. Es gibt eine Statistik aus dem Jahr 2009, die geht von 6 Millionen aus, die gut Platt sprechen, und von 11 Millionen, die „mäßig" Platt können, was meist bedeutet: sie können es verstehen, aber nur radebrechen.

Heutzutage erlebt Platt zweifelsohne eine Renaissance. Als Wahlpflichtfach wird es in Schulen unterrichtet. Asterix op Platt, die Werner-Bücher, Talkshows im Fernsehen op Platt und auch das Ohnsorg-Theater sorgen für ein Wiederbeleben – und wir hoffentlich auch.

Irgendwann dämmerte es sogar den Politikern, dass das Platt bedroht war. Die Bürgerschaft in Hamburg (ja ja, so vornehm gediegen nennt sich das Parlament der Hansestadt und die Regierungsmitglieder sind auch gleich „Senatoren") beriet 1994 über einen Antrag auf Aufnahme des Plattdeutschen in die Europäische Charta für Minderheitensprachen – natürlich op Platt.

Selten wurde bei einer Politikerdebatte so gelacht wie an diesem Abend, schenkelklopfend feixten die Abgeordneten über Beiträge: De Hamborger Senoot un sien Beamten sitt dor mit 'n breden Moors un kiekt nur to. *Der Hamburger Senat und seine Beamten sitzen auf ihrem breiten Arsch und gucken nur zu.*

Das war selbst auf Platt nicht fein genug, unter brüllendem Gelächter ermahnte der Sitzungspräsident den Sprecher zur Ordnung:

Moors, dat geiht nich!
Arsch, das geht nicht.

Darauf der Sprecher:

Denn segg ik Achtersteven.
Dann sage ich Hinterteil.

Natürlich wurde der Antrag angenommen, einstimmig. Und dann ging's noch eine Stufe höher, im Januar 1994 debattierte sogar der Bundestag über das gleiche Thema över Platt op Platt. Das war ungewöhnlich, erlaubte die Geschäftsordnung des Bundestages doch nur

Hochdeutsch als Debattiersprache. Die damalige Präsidentin des Deutschen Bundestags, Rita Süssmuth, machte eine Ausnahme. Und so hörte man dann im hohen Haus: Uns Spraak dörf nich koppheister gohn und Plattdütsch in Deel dree, wat anners gifft dat nich. *Unsere Sprache darf nicht verloren (wörtlich: kopfüber) gehen, und Plattdeutsch in Teil drei (der Charta), was anderes gibt es nicht.* Sonst möt dat Utwartige Amt oder de Binnenminister sik noch warm antrecken. – *Sonst müssen das Auswärtige Amt und der Innenminister sich warm anziehen.* Nicht überliefert ist, wie viele nicht-norddeutsche Abgeordnete fluchtartig den Saal verließen ...

Aber auch im Kleinen gibt es Fortschritte. So hat die ostfriesische Gemeinde Friedeburg beschlossen, dass Plattdeutsch Amtssprache bleibt und 2009 als erstes zweisprachige Ortsschilder aufgestellt, denn – klarer Fall – Platt ist sowieso Umgangssprache, also wird es auch offiziell so bleiben.

Wie aber, fragen wir Autoren, will der Bürgermeister seine Computer op Platt umstellen? Gibt es schon ein plattdeutsches Schreibprogramm, eine Art „Word for Platt"? Und bekommen gar Falschparker jetzt plattdüütsche Knöllchen? Etwa so:

Du Schietbüdel steihst mit dien Wogen in't Holverbot – nu schallst du teihn Euro betolen!
Du Schietbüdel stehst mit deinem Wagen im Halteverbot – jetzt sollst du zehn Euro bezahlen!

Wir sind gespannt und erwarten Bericht.

Wat is Platt?

Wer jetzt aber glaubt, es herrsche zumindest hier eine Einheitssprache vor, irrt gewaltig. Bedeutungsunterschiede gibt es in jeder Region, ja, teilweise sogar von Dorf zu Dorf. Deshalb müssen wir die jeweiligen regionalen Ausdrucksformen und Eigenheiten berücksichtigen, denn nicht immer lassen die sich auf eine einheitliche Norm zusammenfassen. Was der Nordschleswiger als korrekte Wiedergabe ansieht, würde vielleicht der Südniedersachse ganz anders sprechen. Das dürfte daran liegen, dass Platt immer und vor allen Dingen eine gesprochene Sprache war. Das klingt banal logisch, wenn man bedenkt, dass plattdeutsche Zeitungen, Bücher oder offizielle Dokumente sehr selten waren.

Platt im Internet:
www.plattmaster.de
umfangreiches Angebot, viele Links

Natürlich gab es in den vergangenen Jahrhunderten plattdeutsche Publikationen, aber die Sprache wurde in den Dörfern und auf den Bauernhöfen hauptsächlich gesprochen und weniger gelesen. So kam es immer wieder zu lokalen Ausspracheunterschieden:

Abkürzungen:
MV = Mecklenburg-Vorpommern
SH = Schleswig-Holstein
NI = Niedersachsen
HH = Hamburg

„Schornstein" wird in Mecklenburg-Vorpommern als Schornsteen, im Wesergebiet Schostein, hingegen im westlichen Niedersachsen Schosteen, im südlichen Niedersachsen Schorstein oder auch als Schottsteen gesprochen. Die plattdeutsche Bezeichnung für „Huhn" wechselt ebenfalls, von Hehn (SH) über Hauhn (MV) zu Hohn (NI). „Pfeifen" heißt in Hamburg flöten, in

MV fläuten, in NI fleiten, in SH fleuten und auf den nordfriesischen Inseln floiten.

Einige Begriffe wandeln sich außerdem völlig, so dass der gemeinsame Kern kaum oder gar nicht erkennbar ist. Ein Beispiel ist die Bezeichnung für „Streichholz": in SH Rietsticken, in MV Striekholt, im nördlichen NI Schwefelsticken, hingegen im westlichen NI Schwäwelsticken.

Ein letztes Beispiel soll die Bezeichnung für „Mädchen" sein, sie heißt in SH Deern, in HH Dirn oder auch Deern, in MV Diern, im westlichen NI Dearn oder auch Mäken, das versteht man in ganz Norddeutschland, hingegen heißt es auf den nordfriesischen Inseln Fohn oder Famen.

Überträgt man die lokal unterschiedlich gesprochenen Wörter auf eine Landkarte von Norddeutschland, schält sich folgendes, ganz allgemeines Bild heraus: In einem recht großen zentralen Bereich, der Schleswig-Holstein, Hamburg und weite Teile von Niedersachsen umfasst, gibt es einen Verständigungs-Grundkonsens. Hier fallen nur leichte Abweichungen auf, wie der Unterschied, dass ein Wort mit einem kurzem „i" oder langem „i", mit kurzem oder langen „a" oder „o" gesprochen wird. An den geografischen Randgebieten mit stärkeren nachbarschaftlichen Kontakten werden die Abweichungen stärker. So ist dies besonders auf den friesischen Inseln der Fall – dort wird auch reines Friesisch gesprochen, bzw. ein Platt versetzt mit friesischen Elementen. Im westlichen Niedersachsen sieht es ähnlich aus. Da schwappt der holländische und friesische Einfluss herüber. Sprachliche Nachbarn und damit Beeinflusser des Niederdeutschen in Mecklenburg-Vorpommern sind Brandenburgisch und Pommersch.

Wir können also festhalten, dass im norddeutschen Kerngebiet ein weitgehender Gleichklang im Plattdeutschen herrscht, die sprachlichen Unterschiede meist leichter Natur sind und sich mehr im Bereich der Aussprache bewegen. In den norddeutschen Randgebieten sind dagegen eher stärkere Unterschiede feststellbar, bis hin zu „neuen" Begriffen.

Und damit wären wir wieder ganz am Anfang, denn ob es Liefweih oder Liefweh heißt, das dürfte dem Gepeinigten egal sein, er wäre wohl ziemlich froh, wenn er sein Bauchweh loswerden könnte, dem stimmt wohl auch der Ostfriese mit Liefpien oder der Westniedersachse mit Liefkählt zu.

Schrieven schall ik ok noch

Die Frage nach der „richtigen" oder eben „falschen" Schreibweise stellt sich nicht -gottlob! Eine allgemeine verbindliche Schreibweise, eine Art plattdeutscher Duden etwa, existiert nicht. Daher kann es keine endgültigen richtigen oder falschen Schreibweisen geben. Jeder Plattsprecher würde dieser Aussage wohl zustimmen – im Prinzip jedenfalls. Denn ein Werk hat sich nun doch einen Status als eine Art allgemein akzeptierte Grundlage fürs Plattdeutsche erworben: Der neue Sass. Das ist ein Wörterbuch mit mehr als 10.000 plattdeutschen Stichwörtern. Ohne Frage ein anerkanntes Werk. Gleichwohl bleibt noch genügend Freiraum für abweichende Begriffe. Daran soll auch nicht gerüttelt werden, was übrigens zuletzt die Nationalsozialisten vergeblich versuchten. Übrig geblieben ist aus jener Zeit nur noch ein Lexikon, das sich in mancher Bibliothek auch heute noch finden lässt. Ein letzter unheilvoller Versuch, eine einheitliche, allgemeinverbindliche Schreibweise für alle plattdeutschen Mundarten festzulegen. Noch einmal, die gibt es nicht, die Frage der „richtigen" oder eben „falschen" Schreibweise stellt sich nicht, also genug davon:

... hier schall jeder een moken
un snacken wat he will.
Hier soll jeder (einer) machen
und sprechen, was er will.

Dat is Platt!

Bleibt die Frage, was Plattdeutsch denn nun grundsätzlich, sozusagen gebietsüberschreitend auszeichnet. Eingangs sprachen wir von einem kuriosen Ding namens „zweiter" oder „hochdeutscher Lautverschiebung". Das klingt nach einer Art von oben befohlener Kehrtwende, ja, fast wie eine mittelalterliche Rechtschreibreform. Das wäre was gewesen! Man stelle sich Karl den Großen vor, wie er einen Erlass herausgibt, der da lautet: „Von nun an sprecht Ihr, meine Untertanen, anders!" Lächerlich? Undenkbar? Quatsch?

Ganz so abstrus, wie es klingt, ist der Gedanke nun doch nicht. Immerhin findet der staunende Leser noch heute in der Biografie über diesen großen römisch-deutschen Kaiser folgende Bemerkung, nämlich dass „von ihm eine Bildungsreform ausging, die zu einer Blüte der

Wissenschaft und Künste führte." Na, wer weiß, ob er nicht doch bei der Lautverschiebung seine Finger im Spiel hatte!

Jedenfalls verschoben sich, so um das 8. Jahrhundert, bestimmte sprachliche Laute, warum auch immer. Mal passierte dies im Anlaut, mal im Auslaut oder dann auch wieder mal im Mittellaut, viel zu komplex, um hier detailliert dargestellt zu werden. Deshalb nur die wichtigsten Änderungen:

t	→	z	**Holt**	→	Holz
t	→	ss	**Water**	→	Wasser
t	→	s	**wat**	→	was
p	→	pf	**Perd**	→	Pferd
p	→	f	**op**	→	auf
k	→	ch	**ik**	→	ich
d	→	t	**Blood**	→	Blut

Im Detail wurde festgestellt, dass die Lautverschiebung sich bei sp, st, sk, tr *und einigen weiteren nicht vollzog.*

Interessant ist jedenfalls, dass die Verschiebung im Süden viel stärker ausgeprägt war als im Norden. Eine gedankliche Linie, die vom Niederrhein bis zur mittleren Elbe reicht, bildet die sprachliche Grenze. Das ist sie nun endlich, die sogenannte Benrather Linie, wir hatten sie schon erwähnt, wer erinnert sich? Das Geheimnis war, dass nördlich davon sich nicht die Werte verschoben. Die sturen Norddeutschen behielten ihren dicken Kopp und ließen das Alte beim Alten.

Damit hätten wir den Einstieg gefunden, denn wer heute Platt schnacken will, muss nur die zweite Lautverschiebung rückwärts denken, und schon ist man im grundsätzlichen Sprachsystem drin! Schauen Sie auf die Tabelle oben, die dort genannten ursprünglichen Begriffe findet man heute komplett so im Plattdeutschen wieder. Das ist doch einfach, oder? Also, mal einen Versuch gemacht. Ein Wort mit -s am Ende muss her, sagen wir mal „das". Wie würde das auf Platt heißen? Aus s muss t werden, also dat – richtig! Dat is Plattdüütsch! Oder, ein Wort mit t, wie meinetwegen „Tag". Die Lautverschiebung änderte d zu t, also hieße es auf Platt: Dag – korrekt! Damit hätten wir doch schon einen sprachlichen Anfang gemacht.

Un nu eenfach lossabbeln

Folgt als nächstes die Aussprache. Hier ist gar nicht so viel zu sagen. Hauptsächlich sprechen die Niederdeutschen breiter. Und dann ändern sich die Vokale ein wenig, vor allem ein Vokal verändert sich, nämlich das a wird zum o hingezogen, je nach Region etwas stärker. Und da der Plattdeutsche schreibt wie er spricht, hier gleich die Entsprechung.

Wer also ein Wort mit dem Selbstlaut a spricht, kann nichts verkehrt machen, wenn dieses Wort zum o gedreht wird, wenigstens meistens! Alln's kloor? – gesprochen etwa: *Ollns kloohr?*

geel = *hochdeutsch*
Goorn = *Garten*
Hoben = *Hafen*
Strot = *Straße*
Hohn = *Hahn*

Huus = *Haus*
Luus = *Laus*
eenmol = *einmal*

Woord = *Wort*
Rootwien = *Rotwein*
Blood = *Blut*
Foot = *Fuß*
noog = *genug*

Taucht ein Wort mit au auf, so wird hier ein uu draus.
Das e behält seinen Platz, wird aber breiter gesprochen, so dass oft ein ee entsteht.
Das o wird auch gelängt, also in die Breite gezogen, so dass es meist zu oo gerät.
Ein hochdeutsches Wort mit einem u wird Plattdeutsch meist zu o.

Hebbt se noog?
Haben Sie genug?

Keine Müdigkeit vortäuschen, es geht weiter: Jetzt haben wir die Grundausrüstung, also noch einmal in aller Kürze zusammengefasst: Die zweite Lautverschiebung rückwärts, a zu o drehen, au zu uu, u zu o und e nebst o dehnen.

Jümmers suutsche

Irgendwo im platten Land. Zwei Bauern hocken am Tresen, schweigen sich an. Zum Nachbestellen werden nur zwei Finger gehoben – abwechselnd, das ist ja gerecht. Nach ein paar Stunden sagt einer der beiden: Tjaaa, neeech! Sagt der andere: Wat sabbelst du bloots hüüt soveel. – *Was quatscht du heute bloß so viel.*

So sind sie, oder besser gesagt, so sind sie auch. Schweigsam, ruhig, gelassen, reden nicht viel und wenn, dann immer ohne Schnörkel, geradeheraus, nicht selten äußerst bildhaft. So lautet denn auch ein beliebter Trinkspruch:

Jümmers suutsche *bedeutet so viel wie „Immer mit der Ruhe!"*

Nich lang snacken – Kopp in Nacken!
Und weg damit, Übersetzung überflüssig, oder?

Nein, rheinländische Kommunikationsfreude kann man den Nordlichtern nicht nachsagen, eher das Gegenteil. Das zeigt überdeutlich ein abfälliges Schimpfwort: Dat is een Snacker! So wird jemand tituliert, der gerne viel erzählt, rumschwadroniert, rumdröhnt und wenig zustande bringt. Den mögen die Menschen im Norden gar nicht. Nur nicht lange sabbeln oder rumsnacken, das kann der Bauer nicht ab. Herzlich und geradeheraus ist er, lange Wortungetüme machen ihm Angst, also verkürzt er, wo er kann, kein Wörtchen Ballast wird mitgesprochen.

Das zeigt sich schon bei einfachen Wörtern, aus op denn *(auf dem)* wird kurz und bündig op'm, oder aus to denn *(zum)* wird to'm.

De snackt as'n Afkoot.
Der redet wie 'n Anwalt.

De Hohn sitt op'n Misshupen.
Der Hahn sitzt auf'm Misthaufen.

Brood hört in't Schapp.
Brot gehört in 'nen Schrank.

Schietbüdel

Immer kernig direkt aufs Ziel zu. Das würde im Hochdeutschen manches Mal hart, beinahe brutal klingen, aber auf Platt wird vieles abgefedert, klingt so manche Derbheit kommodiger. Und er liebt die bildhafte Sprache, die dann oft leicht augenzwinkernd rüberkommt.

So kann man eine Bemerkung wie den Schietbüdel gar nicht übersetzen, denn wie klingt denn denn das: „Scheißbeutel"? Würde ein Außenstehender glauben, dass hier ein kleines Kind vom Opa mit einem Kosenamen versehen wird? Wohl kaum.

Ähnliche Beispiele, die nur auf Platt funktionieren:

wörtl.	Platt	Hochdeutsch
wörtl.: Topfferkel	**Pottfarken**	Kind, das sich schmutzig gemacht hat
topfegal	**pottegal**	völlig gleichgültig
priestern	**preestern**	predigen
Fauljacke	**Fuuljack**	Faulpelz
lauerklein	**luurlütt**	winzig klein
Weißmann	**Weetmann**	Witwer
Angsthose	**Bangbüx**	ängstlicher Mensch
Schiebetrompete	**Schuuftrompet**	Posaune
scheißeilig	**schietenhild**	sehr eilig
Backbirnenkram	**Backbeernkrom**	unnötiges Zeugs

Dit un dat

Keine Frage, auch die Plattdeutschen schielen zum anderen Geschlecht – aber nicht so sehr in der Sprache. In der Artikelbildung gibt es nämlich nur zwei Versionen, de und dat.

Das männliche und weibliche Geschlecht fallen zusammen, nur die sächliche Form akzeptiert der Norddeutsche noch als eigenständig und in der Mehrzahl ist ihm alles wurscht, da gibt's nur noch Einheitsbrei.

Platt	Hochdeutsch
de Kerl	der Mann
de Fru	die Frau
dat Mäken	das Mädchen

In der Mehrzahl heißt es immer de, das ist so ähnlich wie im Hochdeutschen (die): de Kerls, de Fruuns, de Mäkens.

Vun Gebruuk un Köökschengriepen

Hauptwörter (Substantive) werden mit einer Tendenz zur Vereinfachung gebildet. Das kommt den schweigsamen Nordlichtern entgegen, wir ahnen es bereits. Als Besonderheit gilt hier, dass es so gut wie keine Wörter gibt, die auf „-ung" enden. Da verkürzt der Plattdeutsche locker:

Erzählung	**Vertelln**
Verteilung	**Verdeeln**
Aufregung	**Opregen**
Verdrehung	**Verdreihn**
Benutzung	**Gebruuk**
Lagerung	**Logern**
Bedingung	**Beding**
Änderung	**Ändern**

Noch schöner ist es bei weiblichen Substantiven, vor allem bei Berufsbezeichnungen, Bezeichnungen bestimmter weiblicher Personen und angelehnten Begriffen Die verkürzt der Plattdeutsche, fast mit einer wegwerfenden Geste, am Wortende auf -sch.

die Bäckerin	**de Bäckersch**
die Haushälterin	**de Huushöllersch**
die Wirtin	**de Krögersch**
Frau Möller	**de Möllersch**
die Nachbarin	**de Nobersch**
Hebamme	**Modder Griepsch**

wörtl.: Mutter Greif

Kiek mol, dor geiht de Möllersch.
Schau mal, da geht Frau Möller.

Ein tolles Beispiel für die präzise Aussagekraft des Plattdeutschen ist auch der Begriff für eine Theater-Souffleuse: Sie, die einem Schauspieler weiterhilft, wenn er stockt, „sagt ihm zu“, wird deshalb auch im Plattdeutschen zur Toseggersch.

Und dann war da noch de Kööksch, die Köchin, die den Bauern bekochte. Die hatte einen Tag in der Woche frei, meist den Mittwoch, und das war dann im Dorf bekannt als Köökschendag *(Köchinnentag)*. Da zogen die hart arbeitenden jungen Frauen los und wollten sich amüsieren. Das wussten natürlich auch die Knechte und Jungbauern, die deshalb ebenfalls loszogen, nämlich zum Köökschengriepen *(Köchinnengreifen)*.

Bannig veel – die Mehrzahl

Die Mehrzahlbildung ist nicht ganz so einfach. Hier hält es der Plattdeutsche mal so, mal anners. Nicht gerade selten gibt es gar keinen Unterschied zwischen Einzahl (Singular) und Mehrzahl (Plural). Das Wort bleibt gleich, nur der plattdeutsche Artikel wechselt: dat Been, de Been *(das Bein, die Beine)*. Ansonsten wird bei der Pluralbildung ein Laut hinzugefügt, unglücklicherweise gibt es da verschiedene Möglichkeiten. Hinzugefügt werden kann -en (dat Oog, de Oogen – *das Auge, die Augen*), -er (dat Book, de Böker – *das*

Buch, die Bücher), -s (de Kerl, de Kerls – *der Kerl, die Kerle*). Und leider war's das noch nicht. Es gibt auch die Möglichkeit „Längung eines Selbstlauts" (de Dag, de Daag – *der Tag, die Tage*) und die Umlautbildung (dat Huus, de Hüüs – *das Haus, die Häuser*). Schlussfolgerungen? Eine Regel? Keine. Am besten ausprobieren! Und ansonsten einfach versuchen, wie im Hochdeutschen die Mehrzahl zu bilden und diese dann ins Platt zu transferieren, da liegt man selten daneben.

Ik heff mien un du hest dien

Hier hilft alles nichts, eine Liste muss her. Machen wir es also kurz und zählen die persönlichen Fürwörter auf.

ik	ich	**wi**	wir
du	du	**ji**	ihr
he, se, dat	er, sie, es	**se**	sie
mi	mir	**uns**	unser
di	dir	**ju/juuch**	euer
em, ehr, dat	ihm, ihr, ihr	**jem/jüm**	ihr

Wat mi gehört

mien	mein	**uns/us**	unser
dien	dein	**ju/jüm**	euer
sien, ehr	sein, ihr	**ehr**	ihr

Mir un mich dat kenn ik nich

Mit einem Smartphone können Sie sich die Wörter, Sätze und Redewendungen dieses Kapitels anhören. Scannen Sie einfach den QR-Code mit Hilfe einer kostenlosen App (z. B. „Barcoo" oder „Scanlife").

Jetzt greifen wir mal gaaanz tief in die schulischen Erinnerungen. Es geht um so merkwürdige Begriffe wie Akkusativ (4. Fall) oder Nominativ (1. Fall). Zur Erinnerung: Wir reden von der Beugung unter anderem der Hauptwörter: Nominativ, Genitiv, Dativ und Akkusativ. Soweit so unklar, der plietsche (bauernschlaue) Plattdeutsche macht es sich auch hier viel einfacher, er kommt mit zwei Fällen klar. Für den Dativ nutzt er die gleiche Form wie für den Akkusativ, da macht er keinerlei Unterschiede.

Dativ

Kröger, giff mi noch een Beer.
Wirt, gib mir noch ein Bier.

Akkusativ

Hörst du mi?
Hörst du mich?

In beiden Fällen wird auf dasselbe Wort zurückgegriffen, auf mi.

Der Genitiv wird umschrieben. Man bildet ihn durch Hinzufügen eines Fürwortes oder Umstandswortes, meist durch das Wörtchen vun (von). Das drückt sich übrigens bereits in der Frage aus:

Ween sien Auto is dat?
wen sein Auto ist das
Wessen Auto ist das?

Dat is de Wogen vun Wolfgang.
das ist der Wagen von Wolfgang
Das ist Wolfgangs Wagen.

Bleibt noch der Nominativ – den akzeptiert der Plattschnacker gerade noch mal so wie er ist!

Geel snacken

Bi uns im Norden gifft jo'n Barg Lüüd, de Platt verstoht un ok snacken könnt. – *Bei uns im Norden gibt's ja viele Leute, die Platt verstehen und auch sprechen können.* Welk sünd ober ok dormang, de, wenn se mol geel snacken möt, bös int Snörn kommt, wat sik verdüvelt anhört. – *Darunter sind aber auch welche, die, wenn sie mal* geel *(hochdeutsch) sprechen müssen, böse in Bedrängnis kommen, was sich verteufelt anhört.*

Aus dem eben Dargelegten erklären sich auch etliche sprachliche Fehler einiger Plattdeutschsprecher, die ihr Leben lang Platt sprachen und nur vereinzelt Hochdeutsch sprechen mussten. In der Stadt auf einem Amt etwa oder zu sonstigen förmlichen Anlässen. Interferenzfehler nennt das die Linguistik, Übertragung des eigenen Sprachsystems auf eine andere Sprache. Da das fremde System nicht dem eigenen hundertprozentig entspricht, entstehen halt Fehler.

„Falsche" Genitiv-Übertragung

Sünd se de Vadder vun dat Kind?
Sind Sie der Vater von das Kind?

Wem sien Auto is dat?
Wem sein Auto ist das?

Een sien Jack hangt dor noch.
Einen seine Jacke hängt da noch.

Dativ- und Akkusativ-Irrtümer:

Dor kannst di bös een opsacken.
Da kannst dich bös ein aufsacken.

Se is nich op mi anwiest.
Sie ist nicht auf mich angewiesen.

Dat argert ehr, wenn ik to spät komm.
Das ärgert ihr, wenn ich zu spät komme.

Ik goh, du geihst – nu geiht los

Der Plattdeutsche snackt nicht gerne herum, wissen wir jetzt. Das zeigt sich auch bei den Formen der Verben (Tätigkeitswörter), die ziemlich stur nach einem Muster gebildet werden.

In der Einzahl (Singular) unterscheidet man noch zwischen „ich" und „du", auch „er, sie, es" erhält noch gnadenhalber eine eigene Form. Dann hört der Spaß aber auch schon auf. Warum große Umstände machen? In der Mehrzahl regiert nur einer, ganz gleich ob es heißt: wir, ihr oder sie – keine Unterschiede!

In der Grundform (Infinitiv) enden alle Verben auf -en, das ist im Hochdeutschen nicht anders. Redet der Plattsnacker nun von sich selbst (ik – *ich*), hobelt er von der Grundform die letzten Buchstaben -en ab, ik snack, fertig, aus, richtig.

Spricht er nun jemanden an (und das geht auf dem Lande schnell per Du), dann heißt's du snackst. An die eben abgehobelte Form wird -st gehängt. Klappt immer! Und gern wird über jemanden geschludert, vorzugsweise über Abwesende, dann heißt es he snackt, es wird also ein -t angehängt. Dieses Modell funktioniert nicht immer, aber, sagen wir mal: sehr oft.

schludern *heißt nicht nur „unordentlich arbeiten" sondern auch: „über jemanden herziehen".*

In der Mehrzahl (Plural) bei „wir, ihr, sie" heißt es einheitlich snackt. In einigen Regionen östlich der Elbe snackt se ober anners, da wird die Mehrzahlform mit -en gebildet, genauso wie die Grundform lautet.

Wat güstern weer

Der Bauer klebt an seiner Scholle und lebt in der Gegenwart. Das muss er auch, denn die momentane Ernte ist immer die wichtigste. Vergangenes Jahr ist was fürs Kneipengespräch oder zum Räsonieren hinterm Ofen im Winter. Da kommt dann selbst der Landmann manchmal ins Philosophieren, und so entstanden doch tatsächlich einmal plattdeutsche Feinheiten.

Wat güstern weer

Falls sich noch jemand erinnert, gibt es starke und schwache Verben. Oh, was war das denn noch gleich?

Starke Verben verändern in der Vergangenheitsform ihren Stammvokal (-selbstlaut), aus „ich werfe“ wird „ich warf“. Schwache Verben ändern ihren Stammvokal nicht: „ich hole – ich holte“.

Auf Plattdüütsch funktioniert es genauso:

ik drink	**ik drunk**	i zu u
ik fleeg	**ik flöög**	e zu ö/o
ik kann	**ik kunn**	a zu u

Bei den schwachen Tätigkeitswörtern bleibt der Stammselbstlaut gleich: Ik neih *(ich nähe)* heißt es in der Gegenwart und in der Vergangenheit *(ich nähte)* ebenfalls, also kein Unterschied im Stamm. Nur bei der 3. Person Singular (Einzahl) wird unterschieden, denn in der Vergangenheitsform wird das -t weggelassen.

Gegenwart: he neiht
Vergangenheit: he neih

Wir wären aber nicht bei den Plattdüütschen, wenn es nicht auch noch einfacher ginge. Denn hier muss man ja viel zu lange nachdenken, also machen wir es uns bequemer. Wer etwas vun güstern vertelln will *(von gestern erzählen)*, der kann sich auch des folgenden Kunstkniffs bedienen, nämlich die Perfektform wählen, ganz wie im Hochdeutschen.

Also, „haben“ oder „sein“ mit der „ge“-Form (Partizip) zusammenbringen:

ik heff drunken	ich habe getrunken
se hett sludert	sie hat geschludert
dat hett sneet	es hat geschneit
wi hebbt hört	wir haben gehört

Tätigkeitswörter der Fortbewegung werden mit dem Hilfswort „sein" gebildet:

ik bün lopen	ich bin gelaufen
he is flogen	er ist geflogen

sein			
ik bün	ich bin	**wi sünd**	wir sind
du büst	du bist	**ji sünd**	ihr seid
he/se is	er/sie sind	**se sünd**	sie sind

haben			
ik heff	ich habe	**wi hebbt**	wir haben
du hest	du hast	**ji hebbt**	ihr habt
he/se hett	er/sie hat	**se hebbt**	sie haben

Doon oder nich doon

Manchmal ist aber etwas bannig wichtig. Da hilft es dann nicht weiter, einfach maulfaul zu umschreiben. Was aber tun, wenn einmal etwas besonders Gewichtiges betont werden muss? Dann umschreibt der Plattsnacker dieses Außergewöhnliche, verstärkt es mit einem gewichtigen Wörtchen, und zwar mit dem universellen doon *(tun)*. Das kann immer geschehen, wenn die Handlung, also das Tätigkeitswort, besonders betont werden soll.

Plattdüütsch? Verstohn deiht he allns.
Plattdeutsch? Verstehen kann er alles.

Wenn ik mi dat bekieken do ...
Wenn ich mir das so betrachte ...

De, de dat Huus anmolen deiht ...
Der, der das Haus anstreicht ...

Und hieraus erklärt sich auch ein weiter schöner Fehler, der manchmal durchschimmert, wenn etwas wirklich Gewichtiges auf Hochdeutsch gesprochen werden soll.

Wem dat gehörn deiht, wet ik nich.
Wem das gehören tut, weiß ich nicht.

Wat morrn is

Da machen wir es uns wieder einfach und lehnen uns an das Hochdeutsche an – oder vielleicht hat sich Hochdüütsch ja auch hier schamlos beim Platt bedient, wer weiß? Am Ende muss noch Urheberrecht bezahlt werden, also lieber nicht weitersagen.

Nehmen wir den Satz: „Morgen will ich nach Sylt fahren", der wird in Platt genauso „gebaut": Morrn will ik no Sylt föhrn.

Die Zukunftsform also mit „wollen“ will oder „sollen“ schölen oder „werden“ warrn und der Grundform des Tätigkeitswortes bilden. Und da es hier nun endlich auch einmal Ausnahmen von den bisher gelernten Regeln gibt, hilft nur eine Tabelle:

wollen	sollen	werden
ik will	schall	warr
du willst	schallst	warrst
he will	schall	warrt
wi, ji, se wullt	schüllt	warrt

He warrt no Huus gohn.
Er wird nach Haus gehen.

Willst du dat Perd köpen?
Willst du das Pferd kaufen?

He schall nächstet Johr denn Buurnhoff köpen.
Er soll nächstes Jahr den Bauernhof kaufen.

Land un Lüüd – Land und Leute

Mit einem Smartphone können Sie sich die Wörter, Sätze und Redewendungen dieses Kapitels anhören.

Dörpmusik. Wahrscheinlich kennen Sie den: Drei Männer sitzen auf einer Bank am Dorfeingang, 'ne Buddel Beer in der Hand. Keiner sagt ein Wort. Da nähert sich ein schnittiger Sportwagen. Am Steuer ein ewig lächelnder, im Solarium gebräunter Jungfünfziger, Baseballmütze tragend, seine Beifahrerin halb so alt, blond, gelangweilt. Sportwagenfahrer bremst vor den Dreien ab, beugt sich jovial lächelnd aus dem Fenster und fragt mit einer Na-Jungs-alles-klar-Stimme: „Guten Tag auch, sagt mal, wo finde ich denn hier im Ort ein Restaurant?" Die Antwort: Schweigen. Keiner der drei sagt auch nur einen Mucks. Der Fahrer lächelt weiter, nur eine Spur irritierter. Blondchen starrt ausdrucksleer einen höchst interessanten Punkt am Horizont an. Neuer Versuch: „Sprechen Sie eigentlich Deutsch?" Vielleicht, so denkt Baseballmütze, bin ich ja schon in Dänemark. Die Antwort: Schweigen. Blondchens Blick wechselt vom Horizont zum Deich. „Do you speak English?" Schweigen. Baseballmütze grinst verzweifelt-dümmlich Blondchen an, Marke das-sind-mir-aber-ein-paar-Spaßvögel-was,-ha-ha-ha,-aber-gleich-habe-ich-sie-im-Griff,-pass-nur-auf.

Blondchen studiert derweil höchst interessiert den Verlauf der Wolken. Letzter Versuch: „Parlez-vous français?" Schweigen. Baseballmütze gibt auf. Hektischer Seitenblick zu Blondchen, diesmal der Kategorie das-findenwir-auch-so!-wäre-ja-gelacht! „Schönen Tag noch die Herren“ und braust los. Die Staubwolke verzieht sich langsam, der erste der drei nimmt einen tiefen Schluck aus seiner Buddel. Der zweite:

De kunn ober veele Sproken.
Der konnte aber viele Sprachen.

Jo, ober nützt hett em dat ok nix.
Ja, aber genützt hat ihm das auch nichts.

Afkoot	Anwalt
Börgermester	Bürgermeister
Buernknüll	Dorfplatz
Discher	Tischler
Dokter	Arzt
Dörpskroog	Dorfkrug
Drögaptheker	Apotheker
Füürwehr	Feuerwehr
Gröönhöker	Gemüsehändler
Höker	Kaufmann
Kalkoss	Maurer
Kark	Kirche
Karkhoff	Friedhof
Kaaten	Kate
Kröger	Gastwirt
Moler	Maler
Paster	Pastor
Pillendreiher	Apotheker
Putz	Polizist
Putzbüdel	Friseur

Damit es Ihnen nicht genauso ergeht, hier die wichtigsten Hinweise.

Schoolmester	Lehrer
Schosteenfeger	Schornsteinfeger
Schüün	Scheune
Slachter	Schlachter
Slachteree	Schlachterei
Snieder	Schneider
Sprüttenhuus	Spritzenhaus
Strohdackkaat	Strohdachkate
Kusenbreker	Zahnarzt
Timmermann	Zimmermann

Vun Ossenpad un Bullendörp

Veele Minschen snackt bi uns Platt, un dat is een wichtigen Bestanddeel vör ehre Lebenswelt. – *Viele Menschen sprechen bei uns Platt, und das ist ein wichtiger Bestandteil ihrer Lebenswelt.* So kommt denn ok de plattdüütschen Strotennomen tostann. – *So kommen dann auch die plattdeutschen Straßennamen zustande.* Da ist beispielsweise der Ossenpad, oder der Ochsenpfad, wo in alten Zeiten Ochsen zum Markt getrieben wurden, aber es gibt auch noch andere:

Achtern Kohlhof	Hinterm Kohlhof
Achtern Düwelsknick	Hinterm Teufelsknick
Bi de Möhl	Bei der Mühle
Bi de Schüünkoppel	Bei der Scheunenkoppel
Godewindweg	Guter-Wind-Weg
Grüppfotsgang	Grabenfußweg *(am Graben entlang)*
Bullendörper Strot	Bullendorfer Straße
Op'n Steegen	Auf dem Steg
Schooltwiete	Schulweg

Straatkoppel	Straßenkoppel
Tüünlüüd	spinnende Leute
Am Vossbarg	Am Fuchsberg
Huuskoppel	Hauskoppel
Bi de dree Eken	Bei den drei Eichen
Am Holt	Am Holz
Diekstrot	Deichstraße
Dörpstrot	Dorfstraße
Karkenstrot	Kirchenstraße
Uhlenhorst	Eulennest
Luusbargen	Lausberge

Hinterm Deich – Achtern Diek

Achter de Seedieken, de dat Land vör de jümmer wedder opkommenden Stormflooten schützt, beginnt de Masch. – *Hinter den Seedeichen, die das Land vor den immer wieder aufkommenden Sturmfluten schützen, beginnt die Marsch.* Maschwieschen, dörchtroken von Entwoterungsgrüppen, im Sommer weidendes Veeh, prägt de Landschaft. – *Marschwiesen, durchzogen von Entwässerungsgräben, und im Sommer weidendes Vieh prägen die Landschaft.* Hier, wo de Wind meist nie to Roh kümmt, hett man eenen bannig wieden Blick över dat grööne Land und de verdröömt liggenden Dörper. – *Hier, wo der Wind fast nie zur Ruhe kommt, hat man einen unendlich weiten Blick über das grüne Land und die verträumt daliegenden Dörfer.*

Und wie heißt es schon seit alten Zeiten: Wer nich will dieken, de mutt wieken. – *Wer nicht will deichen, der muss weichen.*

de grööne Masch	die grüne Marsch
dat groote Woter	das große Wasser, die See
Soltwoter	Salzwasser
Soltwieschen	Salzwiesen
Wattenmeer	Meeresboden bei Ebbe
Seediek	Seedeich *(erster Deich)*
Sommerdiek	Sommerdeich *(Vordeich, zweiter Deich; nicht überall)*
Diekgroof	Deichgraf *(für Deiche Verantwortlicher)*

Diekslüüs	Deichschleuse
Lüüd achtern Diek	Leute hinter den Deichen
Diekerjung	Deichjunge *(Junge, der hinter den Deichen aufwächst)*
Schoop op'n Diek	Schafe auf dem Deich *(die Schafe treten die Grasnarbe fest)*
Masch	Marschland
Wieschen	Wiesen, Grasland
Grüppen in de Wiesch	Graben in der Wiese *(Entwässerungsgraben)*
Wieschenrick	Tor zur Wiese
Wierdraht	Draht zum Absperren der Wiese
Bullenkoppel	Bullenwiese
Pullwichel	Weidenbaum *(oft in der Marsch anzutreffen)*
Maschbuur	Marschbauer *(gelten als wohlhabend, wegen des ergiebigen Marschbodens)*
Noberslüüd	Nachbarn

De Lüüd – Die Leute

De Norddüütsche is jo gewöhnlich een Minsch, de sik nich so eenfach an de Koor föhrn lett. – *Der Norddeutsche ist ja gewöhnlich ein Mensch, der sich nicht so einfach an den Karren fahren lässt.*

Der aber auch Humor, einen gewissen Hang zur Spottlust und Ironie mitbringt. Nüchtern und selten überschwänglich, seggt he mennichmol wat he grod so denkt, wobi denn oft in Fettputt pedd ward. – *sagt er manchmal, was er gerade so denkt, wobei dann oft ins Fettnäpfchen getreten wird.*

Über einen Geizhals wird gesagt:

He kann nich mit de Hann in de Tasch komen, he hett de Gicht in Duum.
Er kann nicht mit der Hand in die Tasche kommen, er hat die Gicht im Daumen.

Über einen Angeber:

De levt as'n Grootagrarier un mokt tohuus Klimmzüch ant Broodschapp.
Er lebt wie ein Großagrarier und macht zu Hause Klimmzüge am Brotschrank.

Über Miesepeter:

Dree Daag Regenwedder.
Drei Tage Regenwetter.

Rotten un Müüs bang moken
Ratten und Mäuse bange machen

Über handwerklich Geschickte:

De kann mehr as Brood eten.
Er kann mehr als Brot essen.

Dat is 'n verdüwelten Kerl.
Das ist ein verteufelter (tüchtiger) Kerl.

He stellt sich an wie'n Hund bim Schieten un wat he mit de Hann opstellt, stött he mit'n Moors wedder üm.
Er stellt sich an wie ein Hund beim Scheißen und was er mit den Händen aufstellt, stößt er mit dem Arsch wieder um.

(über Ungeschickte und Pechvögel)

Du büst mit 'n Dummbüdel kloppt.
du bist mit dem Dummbeutel geklopft
Du bist dumm.

Klookschieter de Kattenschiet in Düstern rüken kann
Klugscheißer, der Katzenscheiße im Dunkeln riechen kann

(über Altkluge)

Über Nervöse: **He is rein ut de Tüüt.**
er ist rein aus der Tüte
Er ist aus dem Häuschen.

Über einen, der verschwunden ist: **He hett sik verpisst.**
er hat sich verpisst
Er hat sich dünne gemacht.

Spöökenkieker – Aberglaube, Spuk

Ist der Norddeutsche abergläubisch? Man möchte mit einem entschiedenen „Nein" antworten. Aber is dat nich so, dat in jeden von uns so'n lütt beten Overgloben stickt? – *Aber ist es nicht so, dass in jedem von uns ein klein wenig Aberglauben steckt?*

In manchen Redensarten und Handlungen zeigt sich auch heute noch der Glaube an Übersinnliches.

Dat mehrste ober is överspöönschen Tüünkroom, wat man ok wohl nich so richdig ernst nehmen kann.
Das meiste aber ist überspanntes Gerede, was man wohl nicht so richtig ernst nehmen kann.

Spöök	Spuk *(unerklärliches Geschehen)*
spöökeln	umhergeistern *(es geistert etwas umher)*
Spöökendriever	Spuktreiber *(jemand, der die Leute verängstigt)*

Töwersche	Hexe
töwern	zaubern
Spöökenkieker	*Spukgucker* Wahrsager
averglöövsch	abergläubisch
Fredag de dörteihnte	Freitag der dreizehnte

(Hexerei)

Wenn di ne swatte Katt över'n Weg löppt bringt dat meist nichts godet.
Wenn dir eine schwarze Katze über den Weg läuft, bringt das meist nichts Gutes.

Wenn de Katt vör de Huusdöör sitt kümmt unangenehmen Besöök.
Wenn die Katze vor der Haustür sitzt, kommt unangenehmer Besuch.

Spruchweisheiten

Der Volksmund hat für alles und jeden einen deftigen Spruch parat.

Mit einem Smartphone können Sie sich die Wörter, Sätze und Redewendungen dieses Kapitels anhören.

Fruunslüüd dörft allns eten,
over nich allns weten.
Frauensleute dürfen alles essen,
aber nicht alles wissen.

Scharben Frost un isigen Wind
gifft'n krusen Büdel un'n lütten Pint.
Scharfer Frost und eisiger Wind gibt einen krausen Beutel und einen kleinen Pint.

Je düller du denn Koter strokelst,
je höger böhrt he denn Steert.
Je doller du den Kater streichelst,
desto höher hebt er den Schwanz.

Wat de Buur nich kennt, dat fritt he nich.
Was der Bauer nicht kennt, das frisst er nicht.

Kummt'n Gewidder im Mai
seggt de Buur juchei.
Kommt ein Gewitter im Mai,
sagt der Bauer juchei.

Wenig Melk un wenig Miss
gifft de Koh de wenig fritt.
Wenig Milch und wenig Mist
gibt die Kuh, die wenig frisst.

Je höher im Winter de Snee
je beter ward im Frööjohr de Klee.
Je höher im Winter der Schnee,
desto besser im Frühjahr der Klee.

Man schall nich de Fööt
in fremde Schoh steeken. *(= fremdgehen)*
Man soll nicht die Füße
in fremde Schuhe stecken.

Een Swulk mokt noch keenen Sommer.
Eine Schwalbe macht noch keinen Sommer.

Wer good smeert de good föhrt. *(Wagenschmiere)*
Wer gut schmiert, der gut fährt.

Kummst över 'n Hund kümmst övern Steert.
Kommst du übern Hund, kommst du übern Schwanz.
Mir ist alles wurscht!

Wenn 't Unglück kummt fallt de Katt
von Stohl un brickt sik de Ohrn.
Wenn's Unglück kommt, fällt die Katze vom
Stuhl und bricht sich die Ohren.

He mokt sin Mogen ton Swienstall. *(über einen total Besoffenen)*
Er macht seinen Magen zum Schweinestall.

Kotzen un Singen tohoop geiht nich.
Kotzen und Singen zusammen geht nicht.

De kann ut de Dackrünn supen. *(über große Menschen)*
Der kann aus der Dachrinne saufen.

Spruchweisheiten

Hallo, wie is de Luft dorboven?
Hallo, wie ist die Luft da oben?

Denn Slackerdarm kannst ok dat Vadder-unser dörch de Backen puusten.
Dem dünnen Kerl kann man auch das Vaterunser durch die Backen pusten.

Ut denn langen Kerl kannst twee ut moken.
Aus dem langen Kerl kannst zwei draus machen.

Zu Dicken sagt man: **Denn kannst bald trudeln, de is jo'n Meter mol'n Meter.**
Den kann man bald trudeln, der ist ja einen Meter mal einen Meter.

De Kerl is in negten Monat, de ward bald affleggen.
Der Kerl ist im neunten Monat, der wird bald ablegen.

Hat jemand zu große Ohren ...

Sien Ool hett vergeten de Horchlöpels to umsöömen.
Sein Alter hat vergessen, die Horchlöffel zu umsäumen.

... oder zu krumme Beine ...

Als Swienhöder is de Minsch nich to bruken, dor kann jo'n Farken hendörch lopen.
Als Schweinehüter ist der Mensch nicht zu gebrauchen, da kann ja ein Ferkel hindurch laufen.

De geiht so langtöögsch, denn kannst im Gohn de Büx flicken.
Der geht so langsam, dem kann man im Gehen die Hose flicken.

De ganze Pagaasch – Die Familie

Över de Familje un de leeve Verwandschop. – *Über die Familie und die liebe Verwandschaft.* Die Männer in den Familien werden Mannslüüd *Männerleute* genannt, aber auch nach einer langen Ehe liebevoll de Ool, *die Alte* oder *der Alte,* wobei nicht unbedingt auf das Alter Bezug genommen wird. Manche Frauen sprechen auch nicht ohne Stolz davon, sie hätten doch einen recht stootschen Kerl geheiratet und meinen damit, dass sie einen stattlichen Mann geehelicht haben. Weiterhin seufzen sie aber nur im Häkelbüdelclub, im Kaffeeklatsch-Kreis, welche Mühe es doch machte, ehrn Ooln an Land to trecken, *ihren Alten an Land zu ziehen.* Aber das sagen die Fruunslüüd, die Frauen, nur in ihrem Kreis und auch erst nach dem zweiten Likörchen, frühestens.

Dafür haben die Mannslüüd ebenso einige nicht ganz so nette Begriffe für die holde Weiblichkeit, aber auch die fallen nur unter ihresgleichen, also am Stammtisch am Sonntagmorgen beim Skat vielleicht. Oolsch, Wieber un Fruunsminschen, Alte, Weiber und Frauensmenschen.

Die Familie ist aber erst eine richtige Familie, wenn die lieben Kinder da sind, also de Gööörn oder de Blagen. Und wenn Opa mal zu Besuch kommt, dann streichelt er den Kleinen übers Haupt und grinst: Na, mien lütt'n Schietbüdel, wo geiht? – *Na, mein kleiner* Schietbüdel, *wie geht's?* Wobei wir wieder bei der Abteilung „Unübersetzbare Wörter“ wären, denn aus dem plattdeutschen Schietbüdel würde ein hochdeutsches „Scheißbeutel” werden – brrr, wie das klingt, also ganz schnell wieder vergessen.

Aber so ähnlich geht es gleich weiter, denn die Mädchen sind die lieben Braven, werden sie doch als sööte lütte Deern, *süßes kleines Mädchen,* bezeichnet. Die Jungs toben rum, machen Quatsch und ärgern Opa, also sind sie (augenzwinkernd) lütte Bengel oder Fratz.

Wenn de Gööörn denn endlich groot hest, geiht jo wieder, un de Kinner seggt denn mennichmol: „De beiden Ooln kriegt wi nich mehr groot.“ – *Wenn man die Kinder dann endlich groß hat, geht's ja weiter, und die Kinder sagen dann manchmal: „Die beiden Alten kriegen wir nicht mehr groß.“* Und unweigerlich ist es eines Tages soweit, dass sie doch das Haus verlassen wollen.

De gaanze Pagaasch – Die Familie

De Deern bringt 'n Brögam int Huus un de Jung hett dor ok son lüttes snuckeliges Mäken anne Hand un snackt von Heiroden. So ward de Familje jümmers grötter. – *Das Mädchen bringt einen Bräutigam ins Haus und der Junge hat da auch so ein kleines schnuckeliges Mädchen an der Hand und redet von Heirat. So wird die Familie immer größer.*

Aber vorher fragt so mancher Vater erstmal nach, wie viel Hektar der Bräutigam hat und ob er vielleicht eine Milchquote ...?, auf gut Platt:

Wat hest du inne Melk to krömen?
Was hast du in die Milch zu krümeln?

Und dann kummt dat to de Hochtid, zur Hochzeit, und die puckelige Verwandschaft rückt an:

de Grootmodder	die Großmutter
de Grootvadder	der Großvater
Vadder un Modder	Vater und Mutter
Broder un Süster	Bruder und Schwester
Veddern	Vettern
Süsterkinner	*Schwesterkinder* Neffen
Süsterdeern	*Schwestermädchen* Nichte
Unkel un Tante	Onkel und Tante

Schule und Kinder

Als Kinner hebbt wi dat jo meist ok nich so eenfach im Leven, dat kannst mi glöven. – *Als Kinder haben wir es ja auch meist nicht so einfach im Leben, das kannst du mir glauben.* Kum büst ut de Winneln ruut, geiht all los. – *Kaum ist man aus den Windeln, geht's schon los.* De Ooln wöllt jo ümmer nur dat beste ut di moken. Ober wat is dat Beste? – *Die Alten wollen ja immer nur das Beste aus dir machen. Aber was ist das Beste?* „Sett di op'n Moors un lehr wat, denn hest dat lichter," seggt min Vadder. Recht hett he un ik heff erstmol Platt studeert. – *„Setz dich auf den Hintern und lerne etwas, dann hast du es leichter." sagt mein Vater. Recht hat er, und ich habe erstmal Platt studiert.*

Wenn ein Junge geboren wird, heißt es:

De Stammhöller is ankomen.
Der Stammhalter ist angekommen.

Schule und Kinder

de Speelplatz	der Spielplatz
de Kinnergoorn	der Kindergarten
de School op'n Dörpen	die Schule auf dem Dorf
de Hochschool in de Stadt	die Hochschule in der Stadt
sik uttoben	sich austoben
inne Feldmark	in der Feldmark
rumstromern	rumlaufen
op'n Bolzplatz speelen	auf dem Bolzplatz spielen
dumm Tüch moken	dummes Zeug machen
Denn Schoolmeister	den Lehrer
op de Palme bringen	auf die Palme bringen
de erste Zigarett smöken	die erste Zigarette rauchen
sik togeln	sich prügeln
mit anner Jungs	mit anderen Jungen
de Deerns	die Mädchen
vernarrn holen	zum Narren halten
oole Lüüd argern	alte Leute ärgern
mit den Mäkens rumkunkeln	mit den Mädchen flanieren

He mutt sik erstmol groot slopen, ward seggt.
Er muss sich erstmal groß schlafen, wird gesagt.

Dat is nich mehr lang hin,
denn geiht he in Kinnergoorn
un kümmt bald to School.
Das ist nicht mehr lange hin, dann geht er in den Kindergarten und kommt bald zur Schule.

Op'n Buurnhoff – Auf dem Bauernhof

Im hohen Norden gibt's ja noch eine ganze Menge Bauernhöfe, und so mancher Stadtmensch macht mit Kind und Kegel, Oma und Opa einen Sonntagsausflug, um mal „echte Tiere" zu gucken. Hier ein paar Hilfestellungen, was so mancher plietsche (schlaue) Bauer einem Städter verteIln (erzählen) könnte.

Mit einem Smartphone können Sie sich die Wörter, Sätze und Redewendungen dieses Kapitels anhören.

Viechereien

Dat is so, de dicke Oss dor mit denn Ring dörch de Nääs is 'n Bull un de Kerl vun de swattbunte Koh dor. – *Es ist so, der dicke Ochse da mit dem Ring durch die Nase ist ein Bulle und der Mann von der schwarzbunten Kuh da.* Dat Lütte watt dor as unklook an dat Jüller forwarkt, is dat Kalf. – *Das Kleine, das da wie blöde an dem Euter fuhrwerkt, ist das Kalb.* De Ossen hebbt noch keen Fru, ik meen noch keen Koh. De mööt over alltohoop slechte Tähn hebben, denn dat Gras watt se freet, kaut se jümmers tweemol. – *Die Ochsen haben noch keine Frau, ich meine noch keine Kuh. Die müssen aber alle schlechte Zähne haben, denn das Gras, was sie fressen, kauen sie immer zweimal.*

Mit de Swien is dat fast jüst so. De Groote, de dor so rumsnufft un sik so inpeselt hett, is de Ewer. De Söög mit de Farken is sien Familje. – *Mit den Schweinen ist das fast genauso. Das Große, welches da so rumschnaubt und sich so eingepieselt hat, ist der Eber. Die Sau mit den Ferkeln ist seine Familie.*

Op’n Buurnhoff – Auf dem Bauernhof

Merrn op’n Misshupen steiht de Hohn, stolt wie so’n Spanier, un kiekt no de Höhner.
Mitten auf dem Misthaufen steht der Hahn, stolz wie ein Spanier, und sieht nach den Hühnern.

Sien Göörn dor, de Geeln, sünd de Osterküken.
Seine Kinder dort, die Gelben,
sind die Osterküken.

De Hohn kann ok dat Wedder voruut seggen. Wenn he op’n Misshupen kreiht, ännert sik dat Wedder oder dat bilfft so wiet is.
Der Hahn kann auch das Wetter voraussagen. Wenn er auf dem Misthaufen kräht, ändert sich das Wetter, oder es bleibt, wie es ist.

**Wo man nich rech slau ut ward,
is dor achter de Hümpel, wo de dree Eken stoht.
Dat is ’n Höhnergraff, dor hebt de Buurn
ehre doden Höhner inkleit.**
Wo man nicht so richtig schlau draus wird,
ist dort hinter dem Hügel, wo die drei Eichen stehen. Das ist ein „Hühnergrab“, dort haben die Bauern ihre toten Hühner eingebuddelt.

Aber natürlich hat er das, denn ein Hühnergrab gibt es nicht. Er spielte auf das Hünengrab an, das die alten Germanen in Nordschleswig vor allem anlegten, um ihre Toten zu bestatten.

Wenn mi de Buur dor man keen opbunn hett.
Wenn mir der Bauer da man nicht einen aufgebunden hat.

Bauern sind auch heute nicht selten Jäger. Sie hegen und pflegen den Wildbestand nach Kräften, aber manchmal reichen eben diese nicht, der Räuber zeigt sich listiger.

De ole Buur un de slaue Voss

Mit denn Köter anne Lien un de Flint inne Hand, geiht de Buur oft övert Land.
Scheten deiht he geern un Hosen un Karnickel, hett he bald bim Wickel.
Hüt over is he suur un benaut, denn de Voss ut'n Wohld,
disse Strömer, hett sien besten Höhner holt.
He leggt sik op de Luur, achter de Muur bi dat ole Wogenschuur.
Hier nu will he em ant Fell, doch dat geiht nich so snell,
denn de Voss, denn he söcht, de is slau, un blifft gemütlich in sien Bau.
De Nach is lang, de Buur is old, un so bi lütten ward em kold.
He stoppt sik de Piep un mit Verdruss, mokt he mit dat lange Luurn Schluss.
De Rotvoss is'n ganzen griesen
un sliektert sik nu lies un sachen langsam no denn Höhnerkassen.
De Hohn de sitt dor ganz alleen, he hett denn Räuber lang all sehn
un fangt nu düchtig an to schreen.
De Höhnerdeef de markt nu gau, hüt is dat nix mit Höhnerklau.
He murrt un knurrt denn Hohn noch an,
nehm di in Acht, di hol ik doch, un mark di dat,
de leeve Gott is överall, over nich bi dien Buurn in Höhnerstall.

Der alte Bauer und der schlaue Fuchs

Mit dem Köter an der Leine und der Flinte in der Hand,
geht der Bauer oft übers Land.
Schießen tut er gern und Hasen und Karnickel
hat er bald am Wickel.
Heut aber ist er sauer und bedrückt,
denn der Fuchs aus dem Wald, dieser Stromer,
hat seine besten Hühner geholt.
Er legt sich auf die Lauer hinter der Mauer
bei der alten Wagenscheune.
Hier nun will er ihm ans Fell,
doch das geht nicht so schnell,
denn der Fuchs, den er sucht, der ist schlau
und bleibt gemütlich in seinem Bau.
Die Nacht ist lang, der Bauer ist alt
und so bei kleinem wird ihm kalt.
Er stopft sich die Pfeife und mit Verdruss
macht er mit dem langen Lauern Schluss.
Der Rotfuchs ist ein ganz Gerissener
und schleicht sich leise und sachte
langsam nach dem Hühnerkasten.
Der Hahn, der sitzt dort ganz alleine
er hat den Räuber lange schon gesehen
und fängt nun tüchtig an zu krähen.
Der Hühnerdieb, der merkt nun schnell,
heut ist es nichts mit Hühnerklau.
Er murrt und knurrt den Hahn noch an,
nimm dich in Acht, dich hol ich doch
und merk dir das, der liebe Gott ist überall,
aber nicht bei deinem Bauern im Hühnerstall.

Op'n Buurnhoff – Auf dem Bauernhof

Rund um den Bauernhof

Wat so alln's to kieken gifft op'n Buurnhoff ...
Was es so alles zu gucken gibt, auf einem Bauernhof ...

Strohdackhuus	Strohdachhaus
Grootdeel	Großdiele
Oolendeelerhuus	Altenteilhaus
Reetdackkaat	Reetdachkate
Höhnerhuus	Hühnerhaus
Ploogland	Pflugland
Roggenslag	*Roggenschlag* Roggenfeld
Wieschen	Weiden
Quienkoppel	Weide für Jungvieh
Kartüffelslag	Kartoffelfeld
Schüttkoben	Schüttkasten *(gemauerter Raum für Vieh)*
Schüürpohl	Scheuerpfahl
Schüttboom	Schlagbaum *(Eingang zur Wiese)*
Immenschuur	Bienenhaus
Soot	Brunnen
Kohlplanter	Kohlpflanzer
Juuchgruuv	Jauchegrube
Swienskoben	Schweinestall auf der Weide
Kalverlock	Verschlag für Kälber
Kohstall	Kuhstall
Misshupen	Misthaufen
Addelkuhl	Güllekuhle

Das Altenteilhaus: Wenn der Bauer seinem Sohn den Hof übergeben hatte, bekam er ein Haus, etwas vom Hof entfernt – damit er nicht reinreden konnte, aber nah genug für die Mahlzeiten.

(Pfahl auf der Weide, an dem sich das Vieh scheuern kann)

Op'n Buurnhoff – Auf dem Bauernhof

Tiere	
Jitten	junge Rinder
Jiffer	Köter, Hofhund
Quien	junge Kuh vor dem Kalben
Bötel	Hammel
Ewerfarken	männliches Ferkel
Faselswien	Zuchtschwein
Söög	Sau
Krack	altes Pferd, Schindmähre
Tööt	Stute
Krüffenbieter	minderwertiges Pferd
Ruun	Wallach
Töle	Hund, Köter
Tiff	Hündin
Zipp	Kaninchen, Muttertier
Buck	männl. Kaninchen, Bock
Kapuun	Kapaun (kastrierter Hahn)
Koter/Katt	Kater/Katze

Was so rumfliegt –

Wat so rumfleucht	
Aaskreih	Aaskrähe
Adebaar	Storch
Bookfink	Buchfinken
Düffer	(männl.) Taube
Fleddermuus	Fledermaus
Garvelrick	Gabelweihe, Milan
Dacklüünk	Spatz
Geel, Göösch	Goldammer
Goos	Gänse
Heister	Elster
Rapphöhner	Rebhühner
Spreen	Stare
Swulk	Schwalbe

(Der Spatz baut sein Nest unter dem Dach.)

Flunken un Beerbuuk – Körperteile	
Bumskopp	*Bumskopf* Kopf
Bregen	Kopf
Gluupogen	Glotzaugen
Kaiser-Wilhelm-Gedächnis-Boort	gezwirbelter Bart
Horchlöpels	*Horchlöffel* Ohren
Rüker	*Riecher* Nase
Muul	Maul
Tähn	Zähne
Flunken	Arme
Hann	Hände
Beerbuuk	Bierbauch
dicken Moors	dicken Arsch
inne Büx	in der Hose
Been	Beine
Plattfööt	Plattfüße

Sweetfööt un Hoosten

Schweißfüße und Husten

Wenn man mol nich so rech op'n Damm is, löppt man jo nich glieks nan Dokter.
Wenn man mal nicht so recht auf dem Damm ist, läuft man ja nicht gleich zum Doktor.

Nee, wi könnt uns oft sülm helpen
un holt uns an Grootmodders Snack:
„Gegen jede Krankheit is'n Kruut wussen."
Nein, wir können uns oft selbst helfen
und halten uns an Großmutters Schnack:
„Gegen jede Krankheit ist ein Kraut gewachsen."

Buukweh	Bauchweh
Hoosten	Husten
Snuppen	Schnupfen
Verköhlen	Erkältung
Sünnbrand	Sonnenbrand
Sweetfööt	Schweißfüße
Warten	Warzen
Snoddernees	*Schnotternase* Schnupfen
Smarten	Schmerzen
Wehdaag	*Wehtage* Leiden

de Liekdoorn pisackt mi
das Hühnerauge piesackt mich

Mennichmol hett een de Hicker bös to foten.
Manchmal hat einen der Schluckauf böse zu fassen.

Bi Tähnpien geist mennichmol de Wann hoch.
Bei Zahnschmerzen geht man manchmal die Wände hoch.

Mit 'n Ramm int Been is nich to spossen.
Mit einem Krampf im Bein ist nicht zu spaßen.

Bi Dörchmarsch kümmst int Lopen.
Bei Durchfall *(Durchmarsch)* kommst du ins Laufen.

no frische Luft japsen
nach frischer Luft japsen

Rietmidüchtig lett di nachs nich slopen.
Rheumatismus *(Reißmichtüchtig)* lässt dich nachts nicht schlafen.

Brägenschülpen
Kopfschmerzen

Hitten mokt mi jümmers so swumerich.
Hitze macht mich immer so schwindelig.

Kledaasch – Kleidung

Wennt to Besöök geiht, smitt man sik in Schale. – *Wenn es zu Besuch geht, schmeißt man sich in Schale.* Do ward de Antoch, de all meis'n beten eng worrn is, un dat Kleed von Greta ut Schapp holt. – *Da wird der Anzug, der schon fast ein bisschen eng geworden ist, und das Kleid von Greta aus dem Schrank geholt.* De Schooh kniept ok'n beten un man kennt sik sülm kum wedder. – *Die Schuhe drücken auch ein bisschen, und man kennt sich selbst kaum wieder.* Over dat mokt nix un treckt sik allns non Lief. – *Aber das macht nichts und man zieht sich alles an den Leib.*

barfoot	barfuß
Büx	Hose
Fingerhanschen	Fingerhandschuhe
Fuustbüdels	*Faustbeutel* Fausthandschuhe
Gamauken	Schuhe, die reif für den Müll sind
Hanschen	Handschuhe
hölten Tüffeln	Holzpantoffeln
Hoot	Hut
Jack	Jacke
Kleed	Kleid
Kledaasch	Kleidung
Koppdook	Kopftuch
Langschäfter	Schaftstiefel
Mütz	Mütze
Övertrecker	*Überzieher* Mantel

Un wenn man nix to'n antrecken hett, dann is man nackig.
Und wenn man nichts zum Anziehen hat, dann ist man nackig.

Kledaasch – Kleidung

Pudelmütz	Pudelmütze
Puschen	warme Hausschuhe
Schinkenbüdel *Schinkenbeutel*	Unterhose
Schippermütz	Schiffermütze
Slarpen	ausgelatschte Schuhe
Slips	Schlips
Stebel	Stiefel
Strotenschoh	Straßenschuhe
Strümp	Strümpfe
Strumpbüxen	Strumpfhosen
Ünnerbüx	Unterhose

Wenn't Regen gifft

Gummistebel	Gummistiefel
Regenjack mit Kaputz	Regenjacke mit Kapuze
denn Schirm dorto	den Schirm dazu
anne Küst	an der Küste
denn Freesennerz	den Friesennerz
Südwester	Gummihut mit Nackenschutz und natürlich Kinnriemen

(sonst fliegt er ja wech im Sturm ...)

Dat Huus – Das Haus

Was man in und an einem Haus im plattdeutschen Raum so alles vorfinden kann ...

dat Strohdackhuus	das Strohdachhaus
Inleggerwohnung	Einliegerwohnung
de schööne Huusdöör	die schöne Haustür
de Deel	die Diele
de Gardrov	die Garderobe
dat Sloopzimmer	das Schlafzimmer
dat Bodzimmer	das Badezimmer
de Trepp na boben	die Treppe nach oben
de lütte utbaute Wohnung	die kleine ausgebaute Wohnung
de Dönz	die gute Stube
de Ledder non Böhn	die Leiter zum Dachboden
de Goorn achtern Huus	der Garten hinter dem Haus
de Köök	die Küche

De Deel *ist eigentlich ein Hausflur oder Vorraum, manchmal auch als Arbeitsraum genutzt.*

de Dönz: *Auch hier hatten etliche Höfe zwei gute Stuben, das „tägliche" Wohnzimmer und die wirklich gute Stube. Ersteres wurde täglich benutzt. Die gute Stube dagegen wurde nur an bestimmten Tagen freigegeben, beispielsweise, wenn eine Geburtstagsfeier anstand.*

Die Küche, de Köök, ist auf vielen Bauernhöfen einer der größten Räume des Hauses, denn hier versammelten sich Bauer, Knechte und Mägde zum gemeinsammen Essen. Dort saßen sie rund um einen riesigen Tisch, unweit des Herdes, und hier konnten sie dann auch mit ihren schietigen *(schmutzigen)* Schuhen und Stiefeln einfach reinlatschen. Der Boden war nämlich vorsichtshalber gekachelt, konnte also schnell wieder sauber gemacht werden.

Huusputz – Hausputz

Wenn de Fruunsminschen to Huus scharwarken dot, kannst lever to Kroog gohn. – *Wenn die Frauen zu Hause am Saubermachen sind, kannste lieber in die Kneipe gehen.* De schafudert di ansunsten noch'n Lock in Oors. – *Ansonsten reden sie dir noch ein Loch in den Arsch.*

Leuwagen	Schrubber
Schüürböst	Scheuerbürste
Bössen	Besen
Schrubber	Besen mit harten Borsten
Feudeldook	Wischtuch
Faadook	Lappen zum Aufwischen
Waschbütt	Waschzuber, Holzbottich
Emmer	Eimer
Riesbössen	Reisigbesen
Struukbössen	Strauchbesen
Schierbleck	Müllschaufel, Kehrschaufel
Stoffdook	Staubtuch
Utklopper	Ausklopfer
Ledderdook	Ledertuch
Stoffsuger	Staubsauger
Handuul	*Handeule* Handfeger
grööne Seep	grüne Seife

De Tied – Die Zeit

Op'n Dörpen geiht dat Marachen ok sünndags wieder. De Buurn hebbt kum weniger Arbeit as inne Week. – *Auf dem Dorf geht das Schuften auch sonntags weiter. Die Bauern haben kaum weniger Arbeit als in der Woche.* Dat Veeh mut am fröhen Morgen fodert warrn, de Köh ward molken und dat Heu ward infohrt. – *Das Vieh muss am frühen Morgen gefüttert werden, die Kühe werden gemolken und das Heu wird eingefahren.* De ole Snack stimmt hier genau: „Wat mutt, dat mutt." – *Der alte Spruch stimmt hier genau: „Was geschehen muss, das muss geschehen."*

Mit einem Smartphone können Sie sich die Wörter, Sätze und Redewendungen dieses Kapitels anhören.

Treffender kann man es nicht beschreiben, und das gilt auch dann, wenn der Bauer mal zum Feuerwehrball war und erst früh um vier nach Hause kommt. Die Kühe blöken derweil im Stall und wollen gemolken werden ... also: wat mutt, dat mutt.

De Daag – Die Tage

Moondag	Montag
Dingsdag	Dienstag
Middeweeken	Mittwoch
Dunnersdag	Donnerstag
Fredag	Freitag
Sünnabend	Samstag
Sünndag	Sonntag

Schietwedder un Sünnschien

Ja, mit dem Wetter ist es auch so eine Sache. Zu kalt, zu warm, zu nass, zu trocken, kurz gesagt: für manchen ist es einfach nicht mehr das, was es einmal war, nämlich Wetter.

Dat Wedder in de Masch is wedder nich so good, dat ik wedder seggen kann, dat Wedder is good. – *Das Wetter in der Marsch ist wieder nicht so gut, dass ich sagen kann, das Wetter ist gut.* Ober ik komm doch wedder un lot mi nich von dat Wedder afholn. – *Aber ich komme doch wieder und lass mich nicht von dem Wetter abhalten.* Ik mutt dittmol bloots oppassen, dat ik nich wedder in de Weddern falln do. – *Ich muss diesmal bloß aufpassen, dass ich nicht wieder in die Marschgräben falle.*

Das Wetter ist ein unendliches Gesprächsthema, und wenn wir es nicht hätten, müsste es erfunden werden.

Fröhjohr – Frühjahr

Im Fröhjohr kold un natt
füllt denn Buurn Schüün un Fatt.
Im Frühjahr kalt und nass
füllt dem Bauern Scheune und Fass.

De Natur wokt op, de Bööm ward gröön.
Die Natur wacht auf, die Bäume werden grün.

Schietwedder un Sünnschien

De Buur will sin Heu inföhrn un schimpt as'n Rohrspatz, Regen kann he doch gunnich bruken.
Der Bauer will sein Heu einfahren und schimpft wie ein Rohrspatz, denn Regen kann er doch gar nicht gebrauchen.

De Daag ward länger, de Sünn steiht hoch an Heben, dat ward all warmer. Man mutt over jümmers noch mol mit Nachfrost reken.
Die Tage werden länger, die Sonne steht hoch am Himmel, es wird schon wärmer. Aber man muss immer noch mit Nachtfrost rechnen.

Tochvögel sünd all wedder dor un zwitschert di ut'n Sloop.
Zugvögel sind alle wieder da und zwitschern dich aus dem Schlaf.

Blomen steekt de Neesen ut de Eer, denn bald is de Blöhtid dor.
Blumen stecken die Nasen aus der Erde, denn bald ist die Blütezeit.

Lünken schilpt, Saat mut in de Eer.
Spatzen piepen, Saat muss in die Erde.

Maisebbers fangt an to fleegen.
Maikäfer beginnen zu fliegen.

Bööm slaat ut un ward gröön.
Bäume schlagen aus und werden grün.

De Minschen mokt fründliche Gesichter.
Die Menschen machen freundliche Gesichter.

Over ok mit Storm un Smuddelwedder muss noch reken.
Aber auch mit Sturm und Schmuddelwetter muss man noch rechnen.

Schietwedder un Sünnschien

bei heftigem Regen:

Schietwedder	Scheißwetter
dat pladderd,	das pladdert,
dat gütt	das gießt
Dat kloort up.	Das klart auf.

Sommerdag – Sommertag

Klarer Fall, wenn es mal schönen Sonnenschein gibt, dann nichts wie raus an die See, und dann bekommen sogar die Nordlichter mediterrane Gefühle – bis zum nächsten Schauer.

de Sünn schient	die Sonne scheint
Hitten	Hitze
de Luft ward bruddig	die Luft wird schwül
luurige Luft	feuchte Hitze
Gewidder	Gewitter
Blitz un Donner	Blitz und Donner

De Wulken schuft sik tohoop.
die Wolken schieben sich zum-Haufen
Die Wolken schieben sich zusammen.

Dat schütt dorbi wie ut'n Ammer.
das schüttet dabei wie aus-dem Eimer
Es gießt in Strömen.

Wenn dat Unwedder denn vorbi is kummt de Sünn rut.
Wenn das Unwetter dann vorbei ist, kommt die Sonne raus.

Harvst – Herbst

Im Herbst kommen die schweren Stürme, bringen kalten Wind und grauen Himmel. Dat schall ober ok Minschen geben, de dat Stormwedder besonners geern möögt. – *Es soll aber auch Menschen geben, die das Sturmwetter besonders gerne mögen.* De föhrt in Harvst an de See un freut sik wennt so richdig störmt un jüm de stiebe Wind um de Ohrn haut. – *Sie fahren im Herbst an die See und freuen sich, wenn es so richtig stürmt und ihnen der steife Wind um die Ohren haut.* „Slech Wedder gifft dat nich," seggt se, „over falsche Kledaasch". – *„Schlechtes Wetter gibt es nicht", sagen sie, „aber falsche Kleidung".* Am schönsten is dat over obends in'e warme Bood. Wenn dat Holt in Kamin knostert un de Nordwest um de Kate huult, föhlt man sik so rech tofreden. – *Am schönsten ist es aber abends im warmen Haus, wenn das Holz im Kamin knistert und der Nordwestwind um das Haus heult, fühlt man sich so richtig zufrieden.* Un wenn denn noch'n poor nördliche Grogs mit wenig Woter achter de Binn kippt ward, kannt nich mehr schöner warrn. – *Wenn dann noch ein paar nördliche Grogs mit wenig Wasser hinter die Binde gekippt werden, kann es nicht mehr schöner werden.*

De Daag ward körter, Storm gifft ok.
Die Tage werden kürzer, Sturm gibt es auch.

Regenwedder
Regenwetter

Schuerwedder
Schauerwetter

Regendruppen kloppt ant Finster.
Regentropfen klopfen ans Fenster.

Im Huus muss denn Oben anböten.
Im Haus musst du den Ofen anheizen.

Dat Laub an de Bööm ward geel.
Das Laub an den Bäumen wird gelb.

De Appeln mööt plückt warrn.
Die Äpfel müssen gepflückt werden.

Dat Laub fallt vun de Bööm.
Das Laub fällt von den Baumen.

Winter

Meist ist der Winter ja nur eine Verlängerung des Herbstes. Ganz selten einmal haben wir herrliche klare, kalte Luft und Schnee, aber manchmal dann ja doch. Dann fahren die Menschen sogar in Schleswig-Holstein Ski! Wie, das glauben Sie nicht? Doch, doch, das ist kein Witz! Am höchsten Berg dieses platten Landes befindet sich ein Skilift und dort sausen die Nordlichter wagemutig runter – in etwa 30 Sekunden, denn der Bungsberg misst gerade 168 Meter.

dat gifft Küll un Snee	es gibt Kälte und Schnee
glatte un verieste Stroten	glatte und vereiste Straßen
Snee mut fegt warrn	Schnee muss gefegt werden
Sneeregen	Schneeregen
Slaggersnee	nasser Schnee
Hogelschuur	Hagelschauer
dat is fröh duster	es ist früh dunkel
Sneestorm	Schneesturm
Dauwedder	Tauwetter

Kummt de Sneesmölt,
sünd de Stroten schietig un natt.
Kommt die Schneeschmelze,
sind die Straßen schmutzig und nass.

Mai feucht un natt,
füllt denn Buurn Schüün un Fatt.
Ist der Mai feucht und nass,
füllt dem Bauern Scheun und Fass.

Jahresablauf und Bauernweisheiten

Januar

Im Januar ward de Daag länger
un de Winter strenger.
Im Januar werden die Tage länger
und die Winter strenger.

Februar

Wenn in Februar de Vogel singt,
he uns noch mehr Winter bringt.
Wenn im Februar der Vogel singt,
er uns noch mehr Winter bringt.

Schietwedder un Sünnschien

März **Negen Sommerdaag salt geven,**
doch de Küll is jümmers togegen.
Neun Sommertage soll's geben,
doch die Kälte ist immer noch zugegen.

April **April, jo, de mokt wat he will.**
April, ja, der macht was er will.

Mai **Schient im Mai de Sünn am Heben,**
ward ne gode Ernte geven.
Scheint im Mai die Sonne am Himmel,
wird's 'ne gute Ernte geben.

Juni **Wennt im Juni toveel donnert,**
ward de Sommer nich besonners.
Wenn's im Juni zuviel donnert, wird der Sommer nicht besonders.

Juli **Schöön Wedder gifft wenn de Nebel**
över de Felder un Wieschen weiht
un de Voss sik dorin boden deiht.
Schönes Wetter gibt's, wenn der Nebel über die Felder und Wiesen weht und der Fuchs sich darin badet.

August **Im August groote Hitten**
ward de Winter witten.
Im August große Hitze, wird der Winter weiß.

September **September is een grooten Künstler**
un de Mai in Harvst.
September ist ein großer Künstler
und der Mai im Herbst.

Is de Oktober noch lau un warm, kannt noch lang nich Winter warrn. *Oktober*
Ist der Oktober noch lau und warm,
kann's noch lange nicht Winter werden.

Veel Regen in November, veel Snee in Dezember. *November*
Viel Regen im November,
viel Schnee im Dezember.

Wiehnachten in Klee, Ostern in Snee, dat deiht so manchem Buuern weh. *Dezember*
Weihnachten im Klee, Ostern im Schnee,
das tut so manchem Bauern weh.

Bräuche im Jahresablauf

Dat Wiehnachtsfest is vör de Familje een wichtige Fier.
Das Weihnachtsfest ist für die Familie
eine wichtige Feier.

Ooltjohrs avend hebbt de Kinner ehr groote Höög mit denn Rummelpott.
Silvester haben die Kinder
ihre große Freude mit dem Rummelpott.

Laufen mit dem Rummelpott ist in manchen Landesteilen eine Tradition. Kinder verkleiden sich, ziehen von Haus zu Haus, singen die alten Lieder, lärmen mit dem Rummelpott (ursprünglich eine getrockene Schweinsblase, auf der so mit einem Holzstückchen gekratzt wurde, dass ein „rummeliges" Geräusch entstand; heute oft eine Zigarrenkiste oder Blechbüchse) un könnt dorvör so manchen Appel, Nööt un ok'n poor Groschen in denn Büdel steken. – *und können dafür so manchen Apfel, Nüsse und auch ein paar Groschen in den Beutel stecken.*

Hier eines der klassischen Rummelpottlieder:

Oolt Johr, nie Johr, Modder, sünd de Fürten goor?
Sünd se goor, so giff mi'n poor.
Sünd se 'n beten kleen, so gifft da twee vör een.
Sünd se 'n beten groot, so smeckt se mol so good.
Bünn een lütten König, giff mi nich so wenig.
Loot mi nich so lange stohn,
mutt noch een Huus wiedergohn.
Een Huus wieder wohnt de Snieder,
een Huus achter wohnt de Slachter,
een Huus vörrut wohnt de Bruut.

Altjahr, Neujahr, Mutter, sind die (Fettgebäck) gar?
Sind sie gar, so gib mir'n paar,
sind sie ein bisschen klein,
so gib mir zwei für ein'.
Sind sie ein bisschen groß,
so schmecken sie noch mal so gut.
Bin ein kleiner König, gib mir nicht so wenig.
Lass mich nicht so lange stehen,
muss noch ein Haus weitergehen.
Ein Haus weiter wohnt der Schneider,
ein Haus dahinter wohnt der Schlachter,
ein Haus voraus wohnt meine Braut.

Witten Tweern un swatten Tweern,
dat ool Wief, dat gifft nich geern.
Weißer Zwirn, schwarzer Zwirn,
das alte Weib, das gibt nicht gern.

(für geizige Leute)

In Februar brennt an de Nordsee, also meist bi de Freesen, de grooten Biikefüür, ut Freud, dat de Daag länger ward.
Im Februar brennen an der Nordsee, also meist bei den Friesen, die großen Biikefeuer, aus Freude, dass die Tage länger werden.

Ostern ward ok wedder groote Füür ansteken un mit veel Trara de Winter endgüldig verdreven.
Ostern werden auch wieder große Feuer angezündet und mit viel Trara der Winter endgültig vertrieben.

Over dat gifft jo noch annere Feste, de ok düchtig fiert ward.
Aber es gibt ja noch andere Feste, die auch kräftig gefeiert werden.

de Kaffeeball in de Dörper
der Kaffeeball in den Dörfern
(wird am Nachmittag begangen)

de Heringsdaag an de Slei
die Heringstage an der Schlei
(wenn im Mai die Heringe zum Laichen die Schlei heraufziehen)

De Füürwehr fiert ok düchtig.
Die Feuerwehr feiert auch tüchtig.
(Hier handelt es sich natürlich um die beliebten Feuerwehrbälle, bei denen so mancher Brand gelöscht wird, und die Wehr in Uniform erscheint.)

Kinnergröön
Kindergrün *(Ein Kinderfest im Mai, Juni mit Spielen wie Sackhüpfen, Eierlaufen und ähnlichem. Höhepunkt ist immer ein Umzug in Festtagsstaat durchs Dorf – zum Stolz aller Eltern.)*

dat Ringrieden
das Ringreiten *(Eigentlich ein Reiterfest, bei dem jugendliche Reiter ihre Geschicklichkeit beweisen müssen, indem sie mit einem Stab in vollem Galopp einen Ring treffen sollen. Abends gibt's dann natürlich* Danz op de Deel, *Tanz auf der Diele.)*

de Hobenfeste in Hamborg, Kiel un överall an de Küst
die Hafenfeste in Hamburg, Kiel und überall an der Küste

De groote Ossenmarkt im holsteenschen Wedel, wo de Ossen noch mit Handslag verköfft ward.
Der große Ochsenmarkt im holsteinschen Wedel, wo die Ochsen noch mit Handschlag verkauft werden. *(findet alljährlich im April in dieser Stadt vor den Toren Hamburgs statt)*

In Harvst ward Laterne loopen.
Im Herbst wird Laterne gelaufen.

De lütten Kinner mit ehre Öllern loopt dörch de Stroten un singt de Laternen-Leeder.
Die kleinen Kinder mit ihren Eltern laufen durch die Straßen und singen Laternenlieder.

Damit wird der Sommer verabschiedet, die Zeit der langen Nächte eingeläutet und die Notwendigkeit des Lichtes beschworen.

Die lockere Sprache des Alltags

Moin moin! Man kennt sich im Dorf, klarer Fall, alles ist klein und übersichtlich. Wie also begrüßen sich zwei, die sich seit langem kennen? Wenn sich, sagen wir mal, Max und Johann treffen, rein zufällig natürlich, etwa vor der Tür vorm Kroog *(Dorfkneipe)*. Die beiden sehen sich, gehen aufeinander zu, sehen sich in die Augen. Dann, erst der eine, dann der andere: „Max“, „Johann“ – wobei die Endung jeweils etwas nach oben gezogen wird und in einem Fragenzeichen ausläuft, etwa so: „Maaax??“ „Johaaan??“ Dahinter steckt natürlich mehr, nämlich die Frage: „Wie geht es dir? Alles klar? Hast du das Heu schon drin?“ – ungefähr so. Tatsächlich geht der Dialog dann so weiter: Wo geiht? – Mutt jo! *(Wie geht's? Muss ja!)* Kurzes Nicken, längere Pause: Un sonst? Spätestens jetzt wird's ernst.

Entweder hat man wirklich was zu erzählen, oder das Wetter ist dran oder es wird geklönt, über Bauer Möller, der sich schon wieder einen Bullen gekauft hat und auch noch drei Hektar dazu gepachtet hat, dabei war seine letzte Rübenernte doch Schietkroom ...

Aber das wird dem Fremden kaum passieren, eher schon die nächste Szene. Wer in eine kleine Dorfkneipe kommt, hat manchmal nicht viel Auswahl an Sitzmöglichkeiten. Vielleicht sind alle Tische besetzt, vielleicht ist noch gerade ein Eckchen am Tresen frei. Egal, wo man sich niederlässt, eine plattdeutsch-kurze Begrüßung muss sein. Dazu dreimal kurz auf den Tisch klopfen und einfach sagen: Ik mok mol so. – *Ich mach mal so.* – das kürzt das Begrüßen ab, man muss nicht jedem einzeln die Hand geben, nicht lange sabbeln eben – und man gibt sich sofort als Kenner aus. Darüber hinaus kann man noch längere Erklärungen abgeben:

Zur plattdeutschen Begrüßung dreimal kurz auf den Tisch klopfen und einfach sagen: „Ik mok mol so."

Dor büst du jo, opp di heff ik all lang luurt.
Da bist du ja, ich habe schon lange auf dich gewartet.

Ik kunn nich ehr an Loden komen, min Toch harr Verspätung.
Ich konnte nicht eher ankommen, mein Zug hatte Verspätung.

Wi good, dat du mol wedder opkrüzt.
Wie gut, dass du mal wieder aufkreuzt.

Moin moin seggt de Plattsnacker ok obens.
Moin moin sagt der Plattschnacker auch abends.

Moin moin ist der Standardgruß der Plattdeutschen, auch am Abend. Ist besonders im Norden von Schleswig-Holstein verbreitet.

Goden Dag ok!	Guten Tag auch!
Goden Avend!	Guten Abend!
Gode Nach!	Gute Nacht!
Ik verafscheed mi nu.	Ich verabschiede mich nun.
Adjüüs!	Tschüss!
Tschüüs ok!	Tschüss auch!
Lot ju dat good gohn.	Lasst es euch gut gehen.
Ik wünsch di watt.	Ich wünsch dir was.
Kiek mol wedder in.	Schau mal wieder rein.

Und dann war da noch Heidi Kabel, die unvergleichlich das Liedchen „In Hamburg sagt man Tschüss" sang, wobei das „Tschüss" auf der zweiten Silbe spitz nach oben gezogen wurde, so dass es zu „Tschühüüß" wurde.

Ik hau in Sack un go slopen.
Ich hau in'n Sack und gehe schlafen.

Ik mut afbreken, holt ju stief.
Ich muss abbrechen, haltet euch steif.

sabbeln

Wer sik geern sülm snacken hört un de ok glieks överall mitbackt, wenn anner Lüüd sik wat to verteIln hebbt, is'n Minsch, de sin Tung nich in Tuun holen kann.
Wer sich gern selbst reden hört und auch gleich überall mitredet, wenn andere Leute sich etwas zu erzählen haben, ist ein Mensch, der seine Zunge nicht im Zaum halten kann.

?! Die lockere Sprache des Alltags

afhaspeln	*abwickeln* sich ohne Erfolg bemühen
Amtssprook	*Amtssprache* Hochsprache
anballern	jemanden anbrüllen
anblaffen	grob anfahren
ballern	*poltern* laut reden
bedibbern	beschwatzen
begriesmuhlen	schwindeln
blarren	blöken
bölken	schreien
dwallern	belangloses Zeugs daherreden
fickfarken	albern reden
flunkern	Lügen verbreiten
geel snacken	*gelb schnacken* geschwollen/ Hochdeutsch sprechen
glattsnacken	*glattreden* schmeicheln
grootdoon	prahlen
janken	kreischen
kabbeln	zanken
kanzeistern	zur Schnecke machen
kekeln	schwatzen
kiebeln	Böswilliges darlegen
Klönsnack	Gespräch, Plauderei
mundfuul	*mundfaul* schweigsam
no de Snuut snacken	jmd. nach dem Mund reden
preestern	belehren
quakeln	leeres Gewäsch
rumprohlen	rumprahlen, angeben

Sabbelsnuut	*Sabbelschnauze* Quasselkopf
toropen	zurufen
Tüünkroom	Flunkerei
uphucken	*aufpacken* jemanden etwas vorlügen
utpacken	*auspacken* Geständnis ablegen
zaustern	keifen, schelten

Verkloorn

Es bedarf ja oft einer ganzen Menge Überzeugungskraft, um einem Menschen dieses oder jenes begreiflich zu machen. Der Meister über seinen Lehrling:

Dor kannst di Hann un Fööt an warmen, bit de ole Dösbattel dat intus hett.
Da kann man sich Hände und Füße dran wärmen, bis der alte Dummkopf das intus hat.

verhackstücken	eingehend beraten
verkloorn	erklären
verklookfiedeln	*verklugfiedeln* erläutern
verposamenteren	auf jemanden einreden
vertellen	erzählen, reden
tosnacken	zureden
besnacken	besprechen, aufdrängen
bequasseln	auf jemanden einreden
begöschen	trösten

am Sabbelkassen sitten
am Sabbelkasten sitzen
lange telefonieren

unklook
(wörtl. „unklug") = wie blöde

Dor rappelt de Oolsch wie unklook.
Da schnattert die Alte wie blöde.

Stunnlang räsoneert de ole Supbütt dor!
Stundenlang räsoniert der alte Quasselkopp!

de ole Dibberbüdel
der alte Dibberbeutel
geschwätziger alter Herr

Jümmers dat dummerhaftige Gedröhn!
Immer das dummerhaftige Gedröhn!
Immer dieses langweilige Gerede!

Verdori, is de ober flinksnutig!
Verdammt, ist der aber flinkschnauzig!
Hat der aber ein schnelles, vorlautes Mundwerk!

Sik afmarachen – Sich abschinden

Dormit dat kloor is, mit Arbeit kannst di denn ganzen Dag verdarven. – *Damit das klar ist, mit Arbeit kannst du dir den ganzen Tag verderben.* De anner Siet is jo bloots, wovon sall de Schosteen rökern? – *Die andere Seite ist ja nur, wovon soll der Schornstein rauchen?* Keen Puust, nix to bieten un nix to schieten. – *Kein Geld, nichts zu beißen und nichts zu scheißen.*

sik afmarachen	sich abschinden
afarbeiden	abarbeiten
fohrwarken	*fuhrwerken* schwer und fleißig arbeiten
inöven	einüben, etwas lernen
klamüstern	denken, ausdenken, etwas austüfteln
maddelig wesen	erschöpft, müde sein
Pütjerkroom	Fummelarbeit
schüffeln	schaufeln
ophieven	hochziehen, aufhieven
verbuddeln	eingraben, vergraben
sik afrieten	sich abreißen
angohn	eine Sache angehen
egen bi de Arbeid wesen	genau bei der Arbeit sein
Fofftein moken	*Fünfzehn machen* Pause machen
Fierobend moken	Feierabend machen

Sik afmarachen – Sich abschinden

Ketelklopper un Kulenkleier

De Minschen kummt un goht wedder. – *Die Menschen kommen und gehen wieder.* In manche Berufe, de wi von fröher her kennt, is dat jüst so. – *In manchen Berufen, die wir von früher her kennen, ist es auch so.* Ward eenfach nich mehr brukt, weil dor jümmers wat nees kummt. – *Sie werden einfach nicht mehr gebraucht, weil da immer etwas Neues kommt.*

seltene Berufe:

Kattunrieter	*Baumwollreißer* Stoffhändler
Ketelflicker	Kesselflicker *(Wanderberuf)*
Ketelklopper	*Kesselklopfer* Werftarbeiter, Nieter
Tüffelmoker	Pantoffelmacher
Klotzenmoker	Holzpantoffelmacher
Stellmoker	*Stellmacher* Radmacher, Wagenbauer
Kostenbidder	zum Fest oder Essen Einladender
Reepsläger	*Reepschläger* Bandreißer
Waschfroo	Waschfrau, Wäscherin
Kuhlenkleier	*Kuhlengräber* Totengräber
Piependreier	*Pfeifendreher* Pfeifenmacher
Ketelböter	*Kesselheizer* Heizer in Fabriken
Deenstdeern	Dienstmädchen
Groffsmitt	*Grobschmied* Hufschmied
Daglöhner	*Tagelöhner* Arbeiter
Scherenslieper	Scherenschleifer

Plüüch, Puust un Pisalotten

Für Geld gibt es natürlich jede Menge Ausdrücke. So sagt man von jemandem, der kein Geld hat:

Em fehlt de Schuuf vör'n Duum.
ihm fehlt der Schub mit dem Daumen
Er schiebt kein Geld rüber.

Es kommt ja auch vor, dass die Kröten oder Mäuse weg sind:

Weitere Begriffe:
Plüüch *Zaster*
Puust *Puste; hier: mir ist die Puste ausgegangen (ich bin pleite)*

De Müüs sünd mi utgohn.
Die Mäuse sind mir ausgegangen.

Piesalotten

Es soll ja Leute geben, die mit dem manchmal sauer verdienten Geld recht leichtsinnig umgehen oder die Kröten buchstäblich zum Fenster rauswerfen. Darüber gibt's denn auch wohlmeinende Sprüche.

Dat is ut'n Finster smeten Geld.
Das ist aus dem Fenster geworfenes Geld.

De kleit de Müüs regelrech utnanner.
Der kratzt die Mäuse regelrecht auseinander.

Hinnerk hett de Spendeerbüxn hüt an.
Hinrich hat heute die Spendierhosen an.

Sporbook plünnern un ornlich op'n Putz haun
Sparbuch plündern und ordentlich auf den Putz hauen

Andere Typen halten die Knete aber mit beiden Händen fest, und das nennt man wohl geizig, op Platt:

Giezknuppen	*Geizknüppel*
neerich/kniesich	knickerig
pennschieterich anstellen	*pfennigscheißerig anstellen* kleinlich sein

Bi denn kiekt de Giez all ut de Ogen.
Bei dem schaut der Geiz schon aus den Augen.

op'n Sneeball schieten un vör Döss opfreten
auf den Schneeball scheißen und ihn vor Durst auffressen
geizig sein

Denn Duum op'n Büdel holn
den Daumen auf dem Beutel halten
nicht leichtsinnig Geld ausgeben

ut'n vullpacktes Köhlschapp denn Steker ruttrecken weilt buten kold noog is
aus einem vollgepackten Kühlschrank den Stecker rausziehen, weil es draußen kalt genug ist
geizig sein

Altbundeskanzler Helmut Schmidt war einst Senator in Hamburg, und da ging's noch manchesmal deftig-kernig plattdeutsch in der Politik zu. Als dort mal wieder ein neuer Finanzsenator gewählt werden sollte, kam ein Name ins Spiel, der dem damaligen Bürgermeister gar nicht gefiel. Er soll verärgert ausgerufen haben:

Wat, denn Pennschieter wüllt ji wählen?
Was, diesen Pfennigfuchser wollt ihr wählen?

De Tolen

Die Zahlen auf Plattdüütsch:

een	eins	**ölben**	elf
twee	zwei	**twölf**	zwölf
dree	drei	**dörteihn**	dreizehn
veer	vier	**veerteihn**	vierzehn
fief	fünf	**föfteihn**	fünfzehn
söß	sechs	**sößteihn**	sechzehn
söben	sieben	**söbenteihn**	siebzehn
acht	acht	**achteihn**	achtzehn
negen	neun	**negenteihn**	neunzehn
teihn	zehn	**twintig**	zwanzig

eenuntwintig	einundzwanzig
tweeuntwintig	zweiundzwanzig
dreeuntwintig	dreiundzwanzig

dörtig	dreißig	**söbentig**	siebzig
veertig	vierzig	**achtig**	achtzig
föftig	fünfzig	**negentig**	neunzig
sößtig	sechzig	**hunnert**	hundert

Auf den Märkten werden vielfach die Waren noch abgewogen, und entsprechend heißt es dann:

tweehunnert	zweihundert
dusend	tausend
tweedusend	zweitausend
een viddel Pund	ein Viertelpfund
een halv Pund	ein halbes Pfund

Inköpen

In ländlichen Regionen ist es manchmal nicht einfach, den täglichen Bedarf an Lebensmitteln einzukaufen. Noch vor einigen Jahren hatte fast jeder kleine Ort einen Tante-Emma-Laden, wo man einkaufen konnte und auch das erfuhr, was so alles im Dorf passierte. Das ist längst vorbei. Aber auch hier haben findige Kaufleute Abhilfe geschaffen: sie kommen mit dem „rollenden Supermarkt" ins Dorf und verhökern ihre Waren.

An bestimmten Tagen kommt er mit Gebimmel angefahren, stellt sich an die Wagentür und wird die Einkäufer mit einem flotten Spruch begrüßen, was sich oft so anhört: Bi mi is allns billich, jümmers rin in de gode Stuuv. – *„Bei mir ist alles billig, immer rein in die gute Stube.* Dor is Bodder vör de

Modder, ne Wuss ne lange vör Fru Stange" und noch so'n poor von düsse Sorte. – *Da ist Butter für die Mutter und eine Wurst, 'ne lange für Frau Stange", und noch ein paar von dieser Sorte.*

Fru Witten ower weer'n beten gnatzig un quark em an: – *Frau Witten aber war ein bisschen wütend und schnauzte ihn an:* „Hol op mit dat Gesabbel un giff mi solten Heern, lang noch heff ik op di luurt. – *„Hör auf mit dem Gesabbel und gib mir Salzheringe. Ich habe lange genug auf dich gewartet.*

Un dat Keesblatt ut Hamborch lang man ok glieks röver. Kannst anschrieben, betolen do ik övermorgen." un rut weer se. – *Und das Käseblatt aus Hamburg reich mir auch gleich rüber. Kannst es anschreiben, bezahlen tu ich übermorgen", und raus war sie.*

Bookwetengrütt	Buchweizengrütze
Bottermelk	Buttermilch
Fleesch	Fleisch
Grütt	Grütze
Markknoken	Markknochen
Melk	Milch
Muster	Senf
Neihnodeln	Nähnadeln
Openfett	Margarine
Presskopp	*Presskopf* Sülze
Ritsticken	Streichhölzer
Seep	Seife
Seepenpulver	Seifenpulver
Smolt	Schmalz
Smoltkoken	Schmalzgebäck
Smööktabak	Rauchtabak
Snöörbänner	Schnürbänder

Specksiet	Speckseite
Stebelwichs	Schuhcreme
Suurfleesch	Sauerfleisch
Tähnpasta	Zahnpasta
Tungenwuss	Zungenwurst

Swartbrood mokt Wangen root
Schwarzbrot macht Wangen rot

Groffbrood	*Grobbrot* Roggenbrot
Stuten	Weiß- oder Rosinenbrot
Pumpernickel	deftiges Schwarzbrot
Wittbrood	Weißbrot
Tweback	Zwieback
Ossenogen	*Ochsenaugen* kleines Gebäck
Puffer	Kuchen aus der Backform
Snicken	Schnecken
Plotenkoken	Platenkuchen
Klöben	Gebäck mit Rosinen
Kringel	eine Art Zwieback, sehr hart

Appeln, Kantüffeln un anners Grööntüüch

Appeln	Äpfel
Plumm	Pflaumen
Stickelbeern	Stachelbeeren
Johannsbeern	Johannisbeeren
Solterbeern	Johannisbeeren
Brummelbeern	Brobeeren
Eerdbeern	Erdbeeren
Kasbeern	Kirschen
Fleederbeern	Fliederbeeren

rode, swatte und witte Solterbeern gifft dat
rote, schwarze und weiße Johannisbeeren gibt es

Slöhnbeern	Schlehen
Steckrööv	Steckrüben
Kantüffeln	Kartoffeln
Gröönkohl	Grünkohl
Wittkohl	Weißkohl
Saubohn	Saubohnen
Brekbohn	Brechbohnen
rode Wuddeln	rote Wurzeln
Swattwuddeln	Schwarzwurzeln
Petersill	Petersilie
Arften	Erbsen
grööne Palarften	grüne Palerbsen

Freten un Supen

Bi uns is alltid geern un goot eten worrn. – *Bei uns ist immer gern und gut gegessen worden.* – Mennichmol weer dat, wat op'n Disch keem, rech deftig over keeneen het doröver ne Snuut trocken. – *Manchmal war das, was auf den Tisch kam, recht deftig, aber niemand hat darüber das Gesicht verzogen.* Anners harr de Gröönkohl un de Arftensupp ok wohl nich rech smeckt. – *Anders hätten der Grünkohl und die Erbsensuppe auch wohl nicht geschmeckt.* Wenn't achteran noch rode Grütt mit Melk gev, verdreihst meist de Ogen. – *Wenn's hinterher noch rote Grütze mit Milch gab, verdrehte man fast die Augen.*

Außerdem ist es eine haltlose Unterstellung, dass es im hohen Norden nur deftige und fettige Mahlzeiten gebe, dafür hier ein paar Beispiele – oder doch nicht?

Erbsen und Bohnen geben so oder so den Ton an.

Arftensupp mit Snuten un Poten ok mit Swiensohrn un Kantüffeln
Erbsensuppe mit Schnauzen und Pfoten, auch mit Schweineohren und Kartoffeln

Witte Bohnsupp mit Suppenkruut, Wuddeln, fetten Speck vum Swien
Weiße Bohnensuppe mit Suppenkraut, Wurzeln, fettem Speck vom Schwein

Gröönkohl mit Swiensback, Kokwuss un lütte Pellkantüffeln
Grünkohl mit Schweinebacke, Kochwurst und kleinen Pellkartoffeln

Gröönkohl is'n Gedich un smeckt jümmers beter wenn he obwarmt ward.
Grünkohl ist ein Gedicht, wenn er wieder aufgewärmt wird.

Wer so deftig itt brukt een Kloorn ton Nospööln un dorto een Beer und dat het dann: „Giff mi noch'n Lütt und Lütt".
Wer so deftig isst, braucht einen Korn zum Nachspülen, und dazu ein Bier, und das heißt dann: „Gib mir noch einen Kleinen und ein Kleines."

Beern, Bohn un Speck
mit Brekbohn un Kokbeern
Birnen, Bohnen und Speck
mit Brechbohnen und Kochbirnen

Dor lickmulst di regelrech no.
Da läuft dir ja regelrecht das Wasser im Mund zusammen.

Labskaus egentlich is dat'n Seemannseten
wat over hier ok oft op'n Disch kommt:
Matjes, Pökelfleesch, rode Beede,
Zippeln dörch'n Wolf dreihn
un allns tosomenmatschen.
Labskaus, eigentlich ein Seemannsessen,
was aber hier auch oft auf den Tisch kommt:
Matjes, Pökelfleisch, rote Bete,
Zwiebeln durch den Wolf drehen
und alles zusammenmatschen.

Dat smeckt no mehr, un dor is kum een de krüüsch is.
Das schmeckt nach mehr, und da ist kaum einer, der es nicht mag.

Von suur Supp ward di richdich warm, dat is jo egentlich ne Supp mit veel Gemüse, Plumm, beten Edich un'n düchtigen Schinkenknoken, dorto noch Klüten, dat Ganze sööt-süür afsmeckt.
Von saurer Suppe wird dir richtig warm, es ist ja eigentlich eine Suppe mit viel Gemüse, Pflaumen, etwas Essig und einen tüchtigen Schinkenknochen, dazu noch Klöße, das Ganze süß-sauer abgeschmeckt.

Kantüffeln mit Matjesfilet ward hier ok geern eten.
Kartoffeln mit Matjesfilet werden hier auch gerne gegessen.

Vör de Leckersnuten giff't ok noch wat, rode Grütt mit Melk kannst jeden Dag eten.
Für die Leckerschnauzen gibt es auch noch etwas, rote Grütze mit Milch kannst du jeden Tag essen.

Fleederbeersupp mit Klüten un Appelstücken ward im Harvst veel eten un warmt düchtig.
Fliederbeersuppe mit Klößen und Apfelstücken wird im Herbst viel gegessen und wärmt tüchtig.

Slackermaschü vör de ganz Lütten
weicher Pudding für die ganz Kleinen

Slackerbuschen
Lätzchen

Trinken – Noch'n Lütt un'n Lütt

Man kummt jo mennichmol nich umhin, dat man een poor mehr achter de Binn kippen deiht als man afkann. – *Man kommt ja manchmal nicht umhin, dass man ein paar mehr hinter die Binde kippt, als man abkann.* Wenn man denn over ne goode Ünnerlaag hett, warrst nich so gau besopen. – *Wenn man dann aber eine gute Unterlage hat, wirst Du nicht so schnell besoffen.* Annersrum is'n beten anduunt ruutsmeten Geld. – *Andersrum ist ein bisschen angetrunken rausgeschmissenes Geld.* Wenn't denn so is, nehm't wi noch een. – *Wenn es denn so ist, nehmen wir noch einen.*

Im Winter

Wenn es kalt wird, gibt es so einige spezielle „Warmmacher". Die Nordlichter haben hier so eine eigene, schlaue Art entwickelt, Alkohol in leicht „versteckter" Form zu genießen. Muss ja nicht jeder gleich mitkriegen, warum sie so langsam immer lustiger werden. Wer's weiß, bestellt auch gleich die richtigen, vermeintlich „harmlosen" Getränke und erweist sich als augenzwinkernder Kenner.

Tote Tante

Eine tote Tante nennt man ein Tässchen Kakao mit einem Häubchen Sahne, das mit Schokostreuseln garniert ist, und unter dem ein kräftiger Schuss Rum versteckt wird.

Pharisäer

Ein Pharisäer ist eine Tasse starker Kaffee mit einem guten Löffel Schlagsahne dazu, aber es darf nicht umgerührt werden, denn sonst kommt der darunter verborgene Rum nach oben, und das wollten schon die Urväter des Getränkes vermeiden. Warum? In einem plattdeutschen Dorf wetterte ein Pastor sonntäglich von der Kanzel gegen den Alkoholmissbrauch. Die Bauern aber högten sich einen (lachten ihn still aus). Nun war es gute Sitte, den Pastor nach dem Gottesdienst noch zum Mittagessen einzuladen. Die Bauern tranken brav ihren Kaffee mit Schlagsahne und wurden langsam aber sicher immer fideler. Der Pastor wunderte sich, bis er irgendwann merkte, dass sich die Bauern immer einen kräftigen Schuss Rum dazu gegossen hatten. Das kam nur heraus, weil einmal die Tassen vertauscht wurden, da rief der Gottesmann ganz entsetzt: „Oh, ihr Pharisäer."

Eiergrog

Een Eigeel mit'n Etlöpel Zucker, dat Eigeel schumich slogen, dat ganze in een Grogglas fülln, Rum rinkippen un mit kokend Woter opfülln. – *Ein Eigelb mit einem Esslöffel Zucker, das Eigelb schaumig schlagen, das Ganze in ein Grogglas füllen, Rum reinkippen und mit kochendem Wasser auffüllen.*

Teepunsch

Teepunsch ward ut helln Tee in dünne Tassen opn Disch bröcht, Kandis rin, un mit'n Schuss geeln Köm opfülln. – *Teepunsch wird aus hellem Tee in dünnen Tassen auf den Tisch gebracht, Kandis hinzu und mit einem Schuss gelben Kümmelschnaps auffüllen.*

Grog
Dor is de stiebe nördliche Grog mit wenig Woter. Dat heet, Rum mutt, Zucker kann un Woter brukt (nich). – *Da gibt es den nördlichen steifen Grog mit wenig Wasser. Das heißt: Rum muss, Zucker kann und Wasser braucht (nicht).*

Und warum heißt „Tote Tante“ nun „Tote Tante“? Ganz einfach, wer eine Erbtante hat, sollte ihr mal im Winter ein paar heiße, wärmende Getränke spendieren. Vielleicht zunächst einen Pharisäer, dann eventuell einen Teepunsch, auch ein Eiergrog käme gut an, und ein steifer Grog rundet ab, und dann, so geht der Schnack, hat man eine tote Tante.

Lütten to Boss nehmen

supen	saufen
drinken	trinken
op'n Swutsch gohn	ausgehen, feiern
een glitschen	saufen, zechen
een achter de Binn kippen	einen hinter die Binde kippen
een schnasseln	einen kippen
lütten to Boss nehmen	kleinen zur Brust nehmen
Toch dör de Gemeen moken	Zug durch die Gemeinde machen
een afbieten	einen abbeißen

Welk drinkt sik jo mennichmol regelrech vun de Fööt.
Manche trinken sich ja manchmal regelrecht von den Füßen.

Disse Sluckspechte nennt man ok:

Süpers	Säufer
Suuplöcker	Sauflöcher
Suupbütt	Sauftonne
Snapsdrosseln	Schnapsdrosseln

Und wer eine Runde Schnaps ausgibt, der muss diesen freigeben, also zum Trinken auffordern. Dazu genügt ein einfaches „Prost“, aber plattdeutscher wäre: Nich lang snacken, Kopp in Nacken. Soll es vielleicht noch norddeutscher sein? Bitte sehr: K.V., soll heißen „kannste vernichten“.

Noch ein alter Trinkspruch:

Regen schall dat vun Himmel, eenmol Beer un eenmol Kümmel.
Regnen soll es vom Himmel, einmal Bier und einmal Schnaps.

Oder wenn jemand animiert werden soll, einen auszugeben:

Prost, Prost, Prost, nu geiht dat wedder los. Wenn se all een hebbt, dann will ik ok een hebben, dat ik ok keen mag, kunn ik ok nich seggen, Prost, Prost, Prost, nu geiht dat wedder los. – *Prost, Prost, Prost, nun geht das wieder los. Wenn sie alle einen haben, dann will ich auch einen haben, das ich auch keinen mag, kann ich auch nicht sagen, Prost, Prost, Prost, nun geht das wieder los.*

Wat sonst noch gifft

Aber es soll auch Leute geben, die ganz sittsam in einem Lokal etwas bestellen, aber dann ist meist die Familie dabei, und so mancher **Kröger** *(Wirt)* kennt seinen Stammgast nicht wieder.

Een Glas Woter in Krog bestelln.
Ein Glas Wasser in der Gaststätte bestellen.

Ik drink Kaffee mit Melk.
Ich trinke Kaffee mit Milch.

Vör de Kinner Melk oder Bruus.
Für die Kinder Milch oder Brause.

Ok vör mi Kaffee over gnetern swatt.
Auch für mich Kaffee, aber pechschwarz.

Modder kriggt'n Glas Wittwien.
Mutter bekommt ein Glas Weißwein.

miegen	pissen
ut de Büx möten	*aus der Hose müssen*
afprotzen mutt ik	einen in die Kloschüssel setzen
erstmol'n Ei leggen	erstmal ein Ei legen
de Kötelkist leermoken	den Darm leeren
op'n Lokus sitten	auf dem Lokus sitzen
no de Peer kieken	nach den Pferden sehen

(zwischendurch unumgänglich)

denn lütten Mann de groote Welt wiesen
dem kleinen Mann die große Welt zeigen

Die Folgen, Kater & Co.

Wennt denn no Huus geiht
is meis de Strot nich breet noog.
Wenn's dann nach Haus geht,
ist die Straße meist nicht breit genug.

Dat dicke Enn kummt meist achteran.
Das dicke Ende kommt meist hinterher.

Danach schwören so manche, dass sie keen Snaps mehr drinken wulln *(keinen Schnaps mehr trinken wollen). Das reicht aber doch meist nur für einen Tag,* denn dat Beer smeckt jo so good *(das Bier schmeckt ja so gut).*

sik utreihern	sich ausreihern
Koppweh	Kopfweh
Kattenjammer	Katzenjammer
koppheister gohn	*kopfüber gehen* hinfallen
övergeven	übergeben
Övelkeit	Übelkeit
inne Büx schieten	in die Hose scheißen

Beer gifft jo ok ohne Alkohol,
Snaps noch nich.
Bier gibt es ja auch ohne Alkohol,
Schnaps noch nicht.

Mancher erlebt dann auch Arger mit de Oolsch, *Ärger mit der Alten,* die den Zecher kräftig ausrüffelt:

Nehm di in Acht ik bünn hüt mächdig inne Brass un segg di dat nochmol, denn noch hest du de free Wohl. – *Nimm dich in Acht, ich bin heute mächtig verärgert und sag dir das nochmal, denn noch hast du die freie*

Wahl. Hör op mit dat verdammte Supen, letzte Nacht kunnst kum noch krupen, singst swiensche Leeder op de Strot un bringst de Nobers um denn Slop. – *Hör auf mit dem verdammten Saufen, letzte Nacht konntest du kaum noch kriechen, singst schweinische Lieder auf der Straße und bringst die Nachbarn um den Schlaf.* Ik smiet di rut, denn büst du buten un kannst vun mi ut wedder supen. – *Ich schmeiß dich raus, dann bist du draußen, kannst von mir aus wieder saufen.*

Danz op de Deel

Mitünner geiht dat jo bi de Buurn op'n Dörpen lustig to. – *Mitunter geht es ja bei den Bauern auf den Dörfern lustig zu.* Dor lot se denn manchmol de Sau utn Stall, wennt denn heet: „Hüt is Danz op de Deel!", kommt de Dörpslüüd alltohoop. – *Da lassen sie denn manchmal die Sau aus dem Stall. Wenn es denn heißt: „Heute ist Tanz auf der Diele", kommen die Leute aus den Dörfern alle zusammen.*

Dat Orchester – de Füürwehrkapell – is door un los geiht. – *Das Orchester – die Feuerwehrkapelle – ist da und los geht's.* Wenn se denn an to tuten fangt, klemmt Hunn un Katten denn Steert in un suust in Swiensgalopp ut Dörp ruut. – *Haben sie angefangen zu tuten, klemmen Hunde und Katzen den Schwanz ein und sausen im Schweinsgalopp aus dem Dorf raus.* De Muskanten speelt op Düwel komm ruut un nich jümmers richdich, denn manch een Misstoon is nich to överhörn. – *Die Musikanten spielen auf Teufel komm raus und nicht immer richtig, denn manch ein Misston ist nicht zu überhören.*

Mit einem Smartphone können Sie sich die Wörter, Sätze und Redewendungen dieses Kapitels anhören.

Dat hört dorto un ok dat de Ossen im Stall dor mang bölkt, stört nich un bringt de Buurn ers so richtig in Swung. – *Das gehört dazu, und auch, das die Ochsen im Stall dazwischenbölken, stört nicht und bringt die Bauern erst so richtig in Schwung.*

Noch ein guter Rat für Männer

Kommt man als Fremder zufällig zu diesem Dorffest, so seien Sie vorsichtig bei den Mädchen, denn da sind sich die Dörfler einig und sagen es auch dem Fremden, klar und direkt, wie es so ihre Art ist:

Uns Höhner pedd wi noch jümmers sülm.
Unsere Hühner treten wir noch immer selbst.

Hat sich nun mal jemand auf ein Dorffest gewagt, die ersten „Körner" gekippt und ist auch sonst nicht aufgefallen, dann kann es passieren, dass er eines ganz merkwürdigen Schauspiels gewahr wird. Und zwar, wenn die heimliche Landeshymne der Norddeutschen gesungen wird, das Lied von „Herrn Pastor seiner Kuh". Das geht so: Einer stimmt die erste Strophe an, in den Refrain fallen dann alle anderen mit ein (schon aus dem einfachen Grund, weil sowieso nur einige wenige alle Strophen kennen, hier kann der Fremde also locker mitmachen):
Kennt ji all dat nije Leed, nije Leed, nije Leed, wat de ganze Stadt all weet, von Herrn Pastor sien Kauh? Jau? Sing man tau, sing man tau, von Herrn Pastor sien Kauh,

jau, jau. – *Kennt ihr schon das neue Lied, neue Lied, neue Lied, was die ganze Stadt schon weiß, von Herrn Pastor seiner Kuh? Ja? Sing man zu, sing man zu, von Herrn Pastor seiner Kuh, ja, ja.*

Damit ist man eingestimmt, dann geht's weiter: Ostern weer se dick un drall, dick un drall, dick un drall, Pingsten liggt se dot in'n Stall, uns Herrn Pastor sien Kauh. – *Ostern war sie dick und drall, dick und drall, dick und drall, Pfingsten lag sie tot im Stall, unserm Herrn Pastor seine Kuh.*

Jetzt fällt wieder der Rest ein mit dem Refrain: Sing man tau, sing man tau, von Herrn Pastor sien Kauh, jau, jau. Ja, und nun wird scheinbar endlos erzählt, was man denn mit den einzelnen Teilen der Kuh machte, jeder im Dorf bekam seinen Anteil, alle erhielten etwas mehr oder weniger Nützliches: As se weer in Stücken schneden, het de ganze Dörp wat kregen von Herrn Pastor sien Kauh … – *Als sie nun in Stücke geschnitten wurde, hat das ganze Dorf was abgekriegt, von Herrn Pastor seiner Kuh …*

Der Vorsinger erzählt jeweils als Zweizeiler, die Masse fällt brüllend in den Refrain ein. Dabei kommt es neben den „offiziellen" Strophen auch immer mehr auf Eigenkreationen, Wortspiele, Anzüglichkeiten an, je witziger, desto besser: Un de Köster Dümelslank kreeg een Steert as Glockenstrang von Herrn Pastor sien Kauh … – *Und der Küster Dümelslank kriegt den Schwanz als Glockenstrang …*

Un uns nije Füürwehr kreeg en Pott full Wogensmeer von Herrn Pastor sien Kauh ... – *Und unsere neue Feuerwehr kriegt einen Topf voll Wagenschmiere ...*

Un de ole Stadtkapell kreeg en nijes Trommelfell von Herrn Pastor sien Kauh ... *Und die alte Stadtkapelle kriegt ein neues Trommelfell ...*

Es geht schier endlos weiter, es gibt Liederbücher, die an die hundert Strophen aufzählen. Wenn es aber dann wirklich und wahrhaftig mal ans Ende geht, dann kommt unweigerlich immer diese letzte Strophe: Un dat End vom Leed is so, dat de Kauh een Oss is wesen ... *Und das Ende vom Lied war, dass die Kuh ein Ochse war ...*

Mööd sien – Müde sein

Dat gifft jo Lüüd, de, wenn se mööd sünd, eenfach in de Klapp goht un könnt doch nich inslopen weil se nich inslopen könnt. – *Es gibt ja Leute, die, wenn sie müde sind, einfach ins Bett gehen und können doch nicht einschlafen, weil sie nicht einschlafen können.* Schoop tellen bringt ok nich veel. – *Schafe zählen bringt auch nicht viel.* Dat eenfachste is vör de Flimmerkist hinsetten und dor druselst du meist so sachen bi in. – *Das einfachste ist, vor die Flimmerkiste hinsetzen, und da schlummerst du meist sacht bei ein.*

am levsten in Wintersloop gohn	am liebsten in Winterschlaf gehen
Fröhjohrsmöödigkeit	Frühjahrsmüdigkeit
mit de Höhner to Wiem gohn	mit den Hühnern auf der Stange schlafen

vör de Flimmerkist	vor dem Fernseher
indruseln	einnicken
snorken un een dicken Ast afsogen	schnarchen und einen dicken Ast absägen
de Matratz afhorken	die Matratze abhorchen
nich inslopen könn	nicht einschlafen können
Schoop telln	Schafe zählen
morgens nich ut de Klapp könn	morgens nicht aus der Klappe können
total maddelig ween	total erschöpft sein
mööd	müde
im Sloop snacken	im Schlaf sprechen
utslopen	ausschlafen

In Urlaub föhrn

Op denn Urlaub freust di dat ganze Johr. – *Auf den Urlaub freut man sich das ganze Jahr.* Bevör dat over losgohn kann, must erstmol weten, wo de Reis hengeiht. – *Bevor es aber losgehen kann, muss man erst einmal wissen, wo die Reise hingeht.*

Verreist warrn mut op jeden Fall. – *Verreist werden muss auf jeden Fall.* De Kataloge mit de bunten Biller, de dor beseggt, „bi mi büst du richdig, bi mi hest du ümmer Sünnschien, bi mi is alln's good un billig" ward all dörchsnoben. – *Die Kataloge mit den bunten Bildern, die da besagen, „bei mir bist du richtig, bei mir hast du immer Sonnenschein, bei mir ist alles gut und billig." werden alle durchgeblättert.*

Slauer büst noher ok nich, denn dat Kataloglatinsch is kum to begriepen. *Schlauer bist du hinterher auch nicht, denn das Katalog-Latein ist kaum zu begreifen.*

Mit einem Smartphone können Sie sich die Wörter und Sätze dieses Kapitels anhören.

In Urlaub föhrn

in Urlaub föhrn
in Urlaub fahren

op Reisen gohn
auf Reisen gehen

mit'n Drohtesel an de See föhrn
mit dem Drahtesel an die See fahren

denn smuggelten Snaps utprobeern
den geschmuggelten Schnaps ausprobieren

in Fleger sitten	im Flieger sitzen
een Schippsreis moken	eine Schiffsreise machen
in de Bargen rumkladdern	in den Bergen rumklettern
op'n Moors sitten un nix doon	auf dem Hintern sitzen und nichts tun
Land un Lüüd kennleern	Land und Leute kennnenlernen
Fremdsprooken leern	Fremdsprachen lernen
de warme Sünn geneten	die warme Sonne genießen
im Woter rümspaddeln	im Wasser rumplanschen
sik'n Sünnbrand holn	sich einen Sonnen-brand holen
in Strandkorf indruseln	im Strandkorb einnicken

Angeln gohn	Angeln gehen
de Strot langlopen	die Straße entlang laufen
to Dörp lopen	ins Dorf gehen
op'n Markt hanneln	auf dem Markt handeln
küütbüten	handeln, feilschen
Theoter besöken	Theater besuchen
op'n Swutsch gohn	Kneipenbummel oder zum Ball gehen
no Huus föhrn	nach Hause fahren
Koffer utpacken	Koffer auspacken
Besöök inloden	Besuch einladen
von Urlaub vertelln	vom Urlaub erzählen
Biller wiesen	Bilder zeigen

Lopen un nödeln

Allns löpt, dat Woter, de Nees, dat Johr, dat Loopfüür, de Loopgroben un noch veel mehr. De Minschen loopt ok. – *Alles läuft, das Wasser, die Nase, das Jahr, das Lauffeuer, der Laufgraben und noch viel mehr. Die Menschen laufen auch.*

Eenige loopt weil se mööt, annere loopt, dormit se denn dicken Buuk losward un ok'n beten Spoß an hebbt. – *Einige laufen, weil sie müssen, andere laufen, damit sie den dicken Bauch loswerden und auch ein wenig Spaß dran haben.* Wer over bloots een sitten Moors hett un mit denn Achtersteven nich hochkümmt, ward mit denn passenden Spruch belohnt. – *Wer aber bloß einen sitzenden Hintern hat (nur sitzt), und mit dem Hinterteil nicht hochkommt, wird mit dem passenden Spruch belohnt.*

De kummt eenfach nich in de Hufe.
Der kommt einfach nicht in die Hufe.

Dat is ok son Sesselfurzer.
Das ist auch so'n Sesselfurzer.

De is so fuul un dick,
vör denn kannst glatt'n Swien fettmoken.
Der ist so faul und dick,
für den kannst du glatt ein Schwein fettmachen.

ne Plauze as'n Beerfatt
ein Bauch wie ein Bierfass

De kunn de Kackstelzen ok mol 'n beten bewegen.
Der kann die Beine auch mal ein bisschen bewegen.

Op denn sien Moors kannst Korten speeln.
Auf seinem Arsch kannste Karten spielen.

He geiht as'n Ackergaul lang de Strot.
Er geht wie ein Ackergaul über die Straßen.

afhaun	abhauen
afsusen	absausen
fehlgohn	*fehlgehen* verlaufen
intrudeln	eintrudeln
krupen	kriechen
noddeln	langsam gehen
nödeln	herumtrödeln
nolopen	nachlaufen
ranslieken	anschleichen
rutkrupen	herauskriechen
slieken	schleichen
sluppen/slurrn	schlurfen
susen	sausen
tippeln	*trippeln* wandern
uthuppen	entlaufen
vorbigohn	vorbeigehen
vorbilopen	vorbeilaufen
weggohn	weggehen
Zukkeldraff	in kleinen Schritten laufen, sich Zeit lassen
afpedden	Füße abtreten/ Strecke abmessen
Tippelbroder	Landstreicher

Luunsch – Launen

Launen hat jeder Mensch. Schön wäre es, wenn man nur gute hätte.

Over, over, dat is nich so und geiht wohl ok nich. – *Aber, aber, das ist nicht so und geht wohl auch nicht.*

Eenige Lüüd sünd so luunsch, de kunnst an de Wand smieten. So gnegelig loopt se di am fröhen Morgen över-'n Weg. – *Einige Leute sind so launisch, die könnte man an die Wand schmeißen, so quengelig laufen sie dir am frühen Morgen über den Weg.*

appeldwatsch	sonderbar, eigenartig
bedrippst	bedrückt, kleinlaut
biesterich	durcheinander
böses Muul moken	ein böses Maul machen
dickköppig	dickköpfig
dösig	naiv
dwallerig	töricht
Dwarsdriver	Quertreiber
dwatsch	wunderlich, närrisch
egenköpsch	eigensinnig
gnatterig	verärgert
insnappt	eingeschnappt
gnurschen	knurren
grootbetaansch	großspurig
kratzböstig	kratzbürstig
krötig	trotzig
krüüsch	wählerisch
kummanderen	kommandieren

luunsch	launisch
mucksen	aufbegehren
murrsch	mürrisch
neegneemsch	übelnehmend
nietsch	neidisch
obsternaatsch	aufsässig, widerborstig
övellüünsch	übellaunig
överböstig	hochmütig
överkandidelt	übergeschnappt
quarkig	quengelig
quesig	nörgelig

Dat dat dat gifft – Staunen

Man kann nicht umhin, der tägliche Kleinkram geht einem hin und wieder regelrecht auf den Keks. Man ärgert sich und vergisst es wieder. Freut sich schon über Kleinigkeiten und kommt ins Staunen über irgendwelche Mitmenschen, die ihren Dreck einfach in die Landschaft kippen.

Dor is he wedder, de däägliche Arger.
Wat schall man lang dorröber räsoneeren,
so is dat nun mol, dor kannst nix an moken.
Da ist er wieder, der tägliche Ärger.
Was soll man lange darüber reden, so ist es nun mal, da kann man nichts dran machen.

Dor steihst wie'n Oss vör'n Barg un büst baff.
Da stehst du wie ein Ochse vor dem Berg und bist baff.

Dor is man eenfach platt, mi fallt nix mehr in.
Da ist man einfach platt, mir fällt nichts mehr ein.

Dat dat dat gifft.
(Dass das das gibt.)
Dass es sowas gibt.

Sowat ober ok, ik bünn total vun de Socken.
Sowas aber auch, ich bin total von den Socken.

Dat haut een glatt ut de Pampuschen.
Das haut einem glatt aus den Puschen.

Mann in de Tünn!
Mann in der Tonne
Unglaublich!

Wie de dat wedder so henkregen hett.
Wie der das wieder so hingekriegt hat.

Över soveel Spijöök is man eenfach baff.
Über soviel Unfug ist man einfach baff.

Herjees, dat dörf nich wohr wesen.
Herrjeh, das darf nicht wahr sein.

Dor falls lang hen und steihst kott wedder op.
Da fällt man lang hin und steht kurz wieder auf.

Vergnögen un jökeln

Fiduuz	Lust, Spaß
gluddern	lachen
sik een höögen	sich freuen
jökeln	Jux haben
juchen	jauchzen
Grappen moken	Unsinn machen
kalverig	albern
överdorig	ausgelassen

smuustern	schmunzeln
Spalk	Lärm, *auch:* Scherz
Spijöök	Albernheiten
Undöög	Unfug
Vergnögen	Vergnügen
verjuchhein	verjubeln
spektakeln	lustig sein
slampampen	schwelgen
videel	lustig, fidel, vital
Snötersnack	Gequatsche
grieflachen	grinsen
Döntjes vertellen	Märchen erzählen

Hol dat Muul! – Halt's Maul!

Die Nordlichter sind ja ruhige Gesellen, aber wenn sie mal füünsch *(wütend)* werden, ...

Di warr ik wiesen wot langgeiht.
Dir werde ich zeigen, wo es langgeht.

Noch eenmol un du suupst dien Beer noher ut de Snobeltass.
Noch einmal und du trinkst dein Bier aus der Schnabeltasse.

De Grappen war ik ju utdrieben.
Den Blödsinn werde ich euch austreiben.

Keen Tähn im Muul over La Paloma fleuten.
Keine Zähne im Maul, aber La Paloma flöten.

Luunsch – Launen

Ik lot mi doch nich von jeden Strotenjiffer anmiegen.
Ich lass mich doch nicht von jedem Straßenköter anpissen.

Wat du dor mokst dat stinkt mi.
Was du da machst, das stinkt mir.

Dat Broodschapp ward von hüt an vör ju höger hungen.
Der Brotkorb wird von heute an für euch höher gehängt.

Wenn ik denn Spittelfink seh kummt mi dat Eten von güstern hoch.
Wenn ich den Knirps sehe, kommt mir das Essen von gestern hoch.

De mutt watt op de Klüüsen hem, dat ole Swienjack het mi güstern anscheten.
Der muss was auf den Augen haben, das alte Schwein hat mich gestern angeschissen.

Hör genau to un verget dat nich, du Snorklappen, ansunsten hest dien letzten Kötel scheten.
Höre genau zu, du Schnarchlappen, ansonsten hast du deinen letzten Kötel geschissen.

Kennst du Anne? Anne Snuut gifft wat!
Kennst du Anne? An 'ne Schnauze gibt's was!

Mit di mutt ik jo wohl mol Sleden föhrn.
Mit dir muss ich ja wohl mal Schlitten fahren.

Hüt hest du noch mol Sott hatt.
Heute hast du noch mal Glück gehabt.

Denn Rumdriever warr ik mol op't Dack stiegen un em de Menung blosen.
Dem Rumtreiber werde ich mal aufs Dach steigen und ihm die Meinung geigen.

Nehm di in Acht, sünst hest du glieks een Satz Ohrn weniger.
Nimm dich in Acht, sonst hast du gleich einen Satz Ohren weniger.

Wat an Land trecken

Clever mutt man jo hüt schon wesen, wenn di dörcht Leven slogen muttst. Wat over is dat egentlich, dat clever sien?
Clever muss man ja heute schon sein, wenn du dich durchs Leben schlagen musst. Was aber ist das eigentlich, das Cleversein?

Der Clevere ist ein gewitzter und kluger Mensch, sagt man.

swienplietsch
(schweineschlau)
bauernschlau

Dat mag jo ok stimmen, over welk sünd dor mang, de kannst eher als swienplitsch beteken.
Das mag ja auch stimmen, aber einige sind dazwischen, die kann man eher als bauernschlau bezeichnen.

eenfach rutsnacken
einfach rausreden

övert Ohr haun
übers Ohr hauen

mit de Wuss no'n Schinken smieten
mit der Wurst nach dem Schinken schmeißen
einschmeicheln, sich Vorteile verschaffen

överdüweln
(überteufeln)
übervorteilen, ergaunern

een Sand in de Oogen streun
einem Sand in die Augen streuen
jemanden täuschen

wat an Land trecken
(etwas an Land ziehen)
etwas erreichen

door iss wat bi to rieten
da ist was bei zu reißen
da gibt's etwas zu verdienen

op'n Busch kloppen
(auf den Busch klopfen)
jemanden aushorchen

de Döör inlopen un dormit anner Lüüd op'n Wecker gohn
die Tür einlaufen und anderen Leuten auf den Wecker gehen
stören

Ik lach di wat.
(ich lach dir was)
Ich mach es nicht.

Dor ward'n Riegel vörschoben
Da wird ein Riegel vorgeschoben.

Hein-go-mit-lang – lange Finger

Klaun is jo hüüttodaags schon fast een Volkssport. Klaut ward allns, wat nich niet- un nogelfast is. – *Klauen ist ja heutzutage schon fast ein Volkssport. Geklaut wird alles, was nicht niet- und nagelfest ist.*

bedregen	betrügen
afsnacken	abluen
överfalln	überfallen
Lodendeefstahl	Ladendiebstahl
inbreken	einbrechen

lange Finger moken
lange Finger machen

inne Strotenbohn swatt fohrn
in der Straßenbahn schwarz fahren

övert Ohr haut warrn
übers Ohr gehauen werden

Smuggeln un denn Toll bedregen
Schmuggeln und den Zoll betrügen

Ool Lüüd wat aflusen
alten Leuten etwas abgaunern

bit Kortenspeeln bedrogen warrn
beim Kartenspielen betrogen werden

Hein-go-mit-lang
(Hein-geh-mit-längs)
Diebstahl

sik ünnern Nogel rieten
(sich untern Nagel reißen)
stehlen

afrühmen
(abräumen)
etwas mitgehen lassen

Knete ut de Tasch trecken
Knete aus der Tasche ziehen

Fluchen gehört einfach zum Menschen, auch wenn man es ja gar nicht wollte!

Dammig nochmol! – Fluchen

Dat rutscht di dor jo eenfach mol so rut un du denkst villicht: „dor heff ik mi mol wedder een afkneepen. Verdammt'n Schiet ok!" – *Das rutscht dir da ja einfach mal so raus und du denkst vielleicht: „Da habe ich mir mal wieder einen abgekniffen. Verdammter Scheiß auch!"*

Denn Schiet sall de Düwel holn!
Den Scheiß soll der Teufel holen!

Ik heff de Snuut vull!
Ich habe die Schnauze voll!

Mi kannst an Moors klein!
Du kannst mich am Arsch kratzen!

Verdammig nochmol!
Verdammt nochmal!

Nu is de Buck over fett!
Nun ist der Bock aber fett!

So een Aaskroom!
So ein Mistkram!

Lot mi mit denn Nusselkrom an Land!
Lass mich mit dem Kleinkram in Ruhe!

Denn Dreck kannst sülm moken!
Den Dreck kannst du selbst machen!

Verdammten Mistkroom!
Verdammter Mistkram!

Hann un Fööt kannst di dor an warm!
Hände und Füße kannst du dir dran wärmen!

De kannst in'n Sack steeken un mit'n Knüppl rophaun!
Die kannste in einen Sack stecken und mit einem Knüppel draufhauen!
Das taugt doch nichts!

Min Geduld is nu toend!
Meine Geduld ist nun zu Ende!

Nu is over noog!
Nun ist aber genug!

Dat Fatt is full!
Das Fass ist voll!

Dat dörf nich wohr wesen!
Das darf nicht wahr sein!

So'n Larm is nich mehr tom Utholen!
So ein Lärm ist nicht mehr zum Aushalten!

Ik heff mi totol verlopen!
Ich habe mich total verlaufen!

Nu sleiht over dörteihn!
Nun schlägt's aber dreizehn!

Toschoostern mutt ik bi di ok noch!
Zuschustern muss ich bei dir auch noch!

In dat Dreckswedder kannst jo keen Hund rutjogen!
Bei dem Dreckswetter kann man ja keinen Hund rausjagen!

Verdimmig, verdorig, so'n Schiet!
Verdammt nochmal, so ein Scheiß!

Dat is jo meis as sull de Düwel dor achtersteken!
Das ist ja meist, als sollte der Teufel dahinterstecken!

Uns geiht sowat över de Hootsnoor!
Uns geht so etwas über die Hutschnur!

Hör op mit düssen Höhnerkroom!
Hör auf mit diesem Hühnerkram!

Du kannst mi mol fix in de Büx rüken!
Du kannst mir mal schnell in die Hose riechen!
Du kannst mich mal!

So'n mistiges Wedder over ok!
So ein Mistwetter aber auch!

Mi geiht hüt alln's scheef!
Mir geht heute alles schief!

Schiet ok!

Schiet ist ein häufiges und in vielen Variationen verwendetes Wort und hat selten etwas mit dem Wort „Scheiße" zu tun sondern eher mit Schmutz, Dreck oder Unangenehmen.

Dat is'n schöön Schiet worrn.
Das ist ein schöner Scheiß geworden.
Das ist voll in die Hose gegangen.

in de Schiet kleien
im Dreck rumwühlen

Dat is lang keen Schiet.
Das ist lange keine Scheiße.
Das ist gut, so muss es sein.

sowat is mi schietegol
so etwas ist mir scheißegal

De Knech is mol wedder schietenduun.
Der Knecht ist mal wieder scheiß-voll.
Der ist mal wieder total betrunken.

een dörch de Schiet trecken
einen durch den Dreck ziehen
jemanden veralbern

De hett dat hüt mol wedder schietenhild.
Der hat es heute mal wieder scheißeilig.
Der hat's heute mal wieder mächtig eilig.

Dor heff ik over'n Schietreis mokt.
Da habe ich aber eine Scheiß-Reise gemacht.
Da bin ich aber heftig ausgeschimpft worden.

In'e Eck liggt nur Schietkroom.
In der Ecke liegt nur Scheißkram.
In der Ecke liegt nur Abfall.

Wie is de Kerl bloss schietig!
Wie schmutzig der Kerl ist!

Büdel

Der Beutel oder Büdel ist ein häufig genutztes Wort im platten Land:

Schinkenbüdel *Schinkenbeutel*	Unterhose
Klingelbüdel	Klingelbeutel
Putzbüdel	Friseur, auch zuständig für Dorfklatsch
Windbüdel	leichtlebiger Mensch
Lögenbüdel *Lügenbeutel*	ein Mensch, der (Lügen-)Märchen erzählt
Stinkbüdel	Meider von Seife und Wasser

Schietbüdel	*Scheißbeutel* liebevoll zu kleinen Kindern
Teebüdel	Teebeutel
Kaffeebüdel	Filter, Kaffeebeutel
Dröönbüdel	*Dröhnbeutel* jemand, der rumdröhnt, dem man nicht zuhören kann

Moors, moors

Eine kleine Betrachtung zum verlängerten Rückgrat, dem Achtersteven, des Menschen, auch einfach nur Moors, Oors, Gatt *(Loch)* oder Arsch genannt.

In Hamburg ist der Ruf Moors, Moors keine böswillige Beschimpfung, sondern eine nette Antwort auf einen spezifischen Hamburger Gruß, der in Frageform einem anderen zugeworfen wird: Hummel, Hummel. Die Antwort hat prompt zu kommen: Moors, Moors.

So wurden früher in Hamburg die Wasserträger gerufen, denn die Straßenjungen neckten die Wasserträger mit dem Ruf Hummel, Hummel. Diese wiederum schleppten schwer an ihren Eimern und konnten sich nur mit dem Mundwerk wehren und da kam dann so etwas wie Klei mi an Moors *(Leck mich am Arsch)* raus, aus dem dann später verkürzt der „Hamburger Gruß“ wurde.

(wörtlich: „Kratz mich am Arsch!”)

Queesmoors, ole Quarker
Blasenarsch alter Meckerer
Quengeliger Mensch

dat is inn Moors un kannst wegsmieten
das ist im Arsch und kannst es wegwerfen
es ist kaputt

keen Moors in de Büx, platt wie ’ne Flunder
keinen Arsch in der Hose, platt wie eine Flunder
(negative Beschreibung einer Frau)

De hett’n Moors wie en Ackergaul dor kannst Skoot op speeln!
Der hat einen Arsch wie ein Ackergaul,
da kann man Skat drauf spielen!

Dat Beer hett sik bi em in Moors fastsett.
Das Bier hat sich bei ihm im Arsch festgesetzt.
(über jemanden, der dick ist)

Oorslock, dat Lock ut dat de Rest verklappt ward
Arschloch, das Loch, aus dem der Rest
verklappt wird

Röddeldöös

Die folgenden Schimpfwörter können, je nach Situation, als richtige, deftige Beleidigung gemeint sein, oder als derb-scherzfhafte Anspielung oder Begrüßung. Sie können aber auch Bestandteil einer normalen Unterhaltung sein, denn es darf nicht vergessen werden, dass im Plattdeutschen alles längst nicht so drastisch klingt, wie es vielleicht auf dem Papier gedruckt ausschaut. Du ole Quarkbüdel muss deshalb nicht in jedem Fall mit einem Ole Klookschieter beantwortet werden. Nur wenn man Ihnen, selbst nach dem aufmerksamen Studium dieses Büchleins, ein du büst mi jo een Quiddje hinterherruft, sollten Sie noch mal von vorne anfangen. Dann hat man Sie trotz aller Bemühungen wohl doch als Nicht-Plattdeutschen entlarvt.

Dröhnbüdel	Langweiler, Schwerfälliger
Drömelklaas	Träumer
Drümpel	Tölpel/Dummkopf
Dummbüdel	einfältiger, naiver Mensch
Dummerjahn	einfältiger, naiver Mensch
Dwarsdriewer	Querkopf/Dickkopf
Flööz	Flegel/Rüpel
Giezknuppen	Geizhals
Quengelkopp	gereizter Mensch
ole Kettelflicker	*alter Kesselflicker* Rumtreiber
Klookschieter	Besserwisser, Klugscheißer
Pleffkatt	Angeber, Klatschmaul
Quarkbüdel	Querulant

Quiddje	Hochdeutscher
Rammdöösiger	Begriffsstutziger
Rappelsnut	großes Mundwerk
Röddeldöös	Schnattermaul, Schwätzer
Scheethammel	Scheißkerl
Sleef	Taugenichts
Snöterliese	Plappermaul
Spiddelwipp	dürrer Mensch
Striedhammel	Streithammel
Snodderbengel	Rotzbengel
Snösel	Flegel
ole Grootsnuut	alter Angeber
ole Bodderhex	alte Butterhexe
oles Beest	altes Biest
Puttfarken	schmutziges Kind

Swattsnuut
(Schwarzschnauze)
Kind, dass schmutzig vom Spielen nach Hause kommt

Spökenkieker
Gespensterseher
jemand, der unangenehme Dinge behauptet oder voraussagt

An die Adresse des Mannes gerichtet

aasiger Kerl	widerwärtiger Kerl
betsch	grimmig/launisch
biestig	brutal
bregenklöderig	schwachsinnig
Bullerballer	ein Jähzorniger
Dieskopp	ein Eigensinniger
Dweerkopp	Querkopf
fimmelig	verrückt
Fuuljack	Nichtsnutz/Faulpelz
Gnitschkopp	mürrischer Kerl
Knatzkopp	mürrischer Kerl
Hackenbieter	*Hackenbeißer* Streithammel
Halsafsnieder	*Halsabschneider* Betrüger
Hannak	Halunke

He is bregenklöderig!
Er ist verrückt!

Klafferkatt	Klatschmaul
narsch	albern
nuschig	unordentlich
ossig	wild, ungestüm
Scheefsnuut	Schiefmaul
Schubberjack	Lump, Betrüger
Sladderdarm	großer, dünner Mensch
Smeerlappen	*Schmierlappen* Schmierfink
Snösel	dummer Bengel
Törfkopp	*Torfkopf* hat nichts im Kopf
traandösig	schwerfällig
Pantüffelheld	Pantoffelheld
Swienskopp	Schweinekopf
Dörpsbull	*Dorfbulle* Dorf-Casanova
Swiensdriever	Schweinehirt

Peerkötelsammler *(Pferdeäpfelsammler)* gab's früher tatsächlich, sie nutzten den aufgesammelten Pferdedung für ihre Gärten.

An die Adresse der Frau gerichtet

Fischwief	Fischweib
Gaffeltang	Klatschweib
Hehn	Henne
Huusbessen	*Hausbesen* Hausdrachen
Jumfer	*Jungfer*
Möhm	altes Weib/Hexe
ooltbacksch	altbacken/altmodisch
överkandideltes	überspannte, verrückte
Fruunsmensch	Frau
överspöönsche	total übergeschnappte
Fru	Frau

Postüür	unausstehliches Weib
Scharteek	*altes Buch* altes Weib
Schreckschruuf	Schreckschraube
Sluderwief	*Schluderweib* Quasselstrippe
spiddelig	schmächtig/dünn
tüseliges Wief	Schlampe
tutige Deern	treudoofes Mädchen
Waschwief	Waschweib
Zeeg	Ziege
zick	zickig/albern
Zipp	Kaninchen/ eingebildete Frau

Katendeern *(Katenmädchen) armes Mädchen (kleine Katen waren früher ärmliche Behausungen)*

Kluckhehn *(Kluckhennen) Frauen, die zusammenhocken und schwatzen*

Dat du mien leevste büst

Wi Norddüütschen verleert jo mennichmol nich so veel Woer un goht oft grodlinig op dat wat wi vörhebbt op dol. – *Wir Norddeutschen verlieren ja manches Mal nicht so viele Worte und gehen oft geradling auf das, was wir vorhaben, drauf zu.*

So ist es auch in der Liebe. Wenn dann ein Mann eine Deern *(Mädchen)* kennen- und liebengelernt hat, so reißt er irgendwann mal all seinen Mut zusammen (wahrscheinlich nach drei bis vier Korn ...) und versucht sich mit einem Heiratsantrag:

Lieschen, wat höllst du dorvon, wenn wi unsre Puttschötteln tohoop smieten dot?
Lieschen, was hältst du davon, wenn wir unsere Topfschüsseln zusammenschmeißen?

Lieschen, etwas verlegen, aber längst nicht auf den Mund gefallen:

Jo, wenn du dat meenst, denn loot uns in Tokunft mit veer Oogen ünner de Bettdeek rutkieken.
Ja, wenn du das meinst, dann lass uns in Zukunft mit vier Augen unter der Bettdecke rausgucken.

Will das umworbene Lieschen aber nicht heiraten, sagt es einfach:

Du kannst di Quesen an de Tung snacken, ik heirod keene Buurn un ik heff ok all een annern Kerl.
Du kannst dir Blasen an die Zunge reden, ich heirate keinen Bauern und ich habe auch schon einen anderen Kerl.

Du schullst lever dien Cousine freen, mit de tohoop büst de gröttste Klütenpedder int Dörp.
Du solltest lieber deine Cousine heiraten, mit der zusamen bist du dann der größte Grundbesitzer im Dorf.

Es muss ja auch nicht immer gleich geheiratet werden, aber zur Liebe und zum Sex gehören nun mal zwei. Dat is eben so un egentlich is dat jo ok jümmer wedder dat glieke Speel. – *Das ist eben so, und eigentlich ist es ja auch immer wieder das gleiche Spiel.* Man lehrt sik kennen, geiht spazeeren oder vergnögt sik op'n Danzböön, smüüstert dor'n beten rum, knutscht sich aff un dat anner kummt von sülm. – *Man lernt sich kennen, geht spazieren oder vergnügt sich auf dem Tanzboden, schmust dort ein wenig rum, knutscht sich ab und das andere kommt von selbst.*

Und wenn es dann wirklich einmal ganz ernst wird, es also vor den Traualtar geht, dann braucht der Plattdeutsche nun auch nicht mehr auf sein Plattdüütsch zu verzichten. Im Februar 1997 erkundigte sich in Bremen ein Heiratswilliger, ob er auch seiner Holden op Platt das Ja-Wort geben könne. Die Antwort, in herrlichem Bürokratendeutsch lautete: Nein! Begründung: Amtssprache in Deutschland sei gemäß Verwaltungsverfahrensgesetz eben Deutsch. Also, kein Jo oder Jau oder gar Dat will ik.

Das war aber noch nicht das letzte Wort. Denn schon sprang helfend das Institut für Niederdeutsche Sprache ein und fragte listig, ob unter „Deutsch“ denn nur deutsche Standardsprache gemeint sei oder ob nicht auch das Niederdeutsch Deutsch sei. Schwierig, schwierig – also muss nach guter alter Beamtentradition der Entscheid vertagt werden und eine höher geordnete Stelle entscheiden. Das tat dann der Innensenator, und der fegte alle Bedenken vom Tisch und zwar kernig Plattdüütsch: Wer „jau“ seggt, is verheirod, wer „jo“ oder „dat will ik“ seggt, ok! – Na also!

Wenn de Leef in Kopp stickt,
sackt de Verstand in Moors.
Wenn die Liebe im Kopf steckt,
sackt der Verstand in den Arsch.

Dat du mien leevste büst

Einige mehr oder weniger nette Ausdrücke dazu:

De Leev mokt blind.
Die Liebe macht blind.

Wenn du heiroden wullt,
muttst de Oogen opmoken,
ansunsten kannst di dor bös bi anlopen.
Wenn du heiraten willst, musst du die Augen aufmachen, ansonsten kannst du da böse reinfallen.

Dor ward jo ok jümmers seggt, bevör du heiroden deist, stell di goot mit de Modder von de Deern, denn hest dat lichter.
Da wird ja auch immer gesagt, bevor du heiratest, stell dich gut mit der Mutter von dem Mädchen, dann hast du es leichter.

Nu komm, loot uns mol'n lütten moken, nee nich, wat du denkst, ik meen een Spazeergang.
Nun komm, lass uns mal einen Kleinen machen, nein, nicht was du denkst, ich meine einen Spaziergang.

Söötholteaspeln – Süßholz raspeln

Du büst ne smucke Deern.
Du bist ein hübsches Mädchen.

Di kunn ik leev hebben.
Dich könnte ich liebhaben.

Vun di much ik küsst warrn.
Von dir möcht ich geküsst werden.

Mi gefallst du bannig.
Mir gefällst du großartig.

Ik much di een opdrücken.
Ich möchte dir einen aufdrücken.

Du bist een stootschen Kerl.
Du bist ein stattlicher Kerl.

Söten geven	Süßes geben
anpuurn	bedrängen
anbändseln	anbändeln
eien	streicheln
verkieken	vergucken
Verlöövnis	Verlobung

Wenn's dann zur Sache geht, dann heet dat:

ehr een verpusten	ihr einen verpassen
ornlich dörchorgeln	ordentlich durchorgeln
n'Lütten moken	einen Kleinen machen
övern Zargel rieten	über den Schwanz reißen
nööken	stoßen, bumsen
rumprökeln	rumstochern
jökeln *hin-und-her*	die Betten zum Knarren bringen
övern Leesten trecken	über den Leisten ziehen
een affzockeln	einen abjagen, runterholen
ornlich dörchtrecken	ordentlich durchziehen
umleggen	umlegen, jemanden hinlegen
bössen	bürsten, durchbürsten
torieden	zureiten
ophucken	aufhucken, aufsitzen
bibögen	beibiegen, einen wegstecken
een vum Worm zockeln	einen vom Wurm ziehen

Literaturliste

Es gibt mittlerweile eine schier unübersichtliche Fülle von plattdeutscher Literatur, meist Erzählungen, Döntjes, Gedichte, Geschichten vom platten Land, aber auch Musik, Theaterstücke, Hörspiele, ja, sogar Krimis. Völlig aussichtslos, hier auch nur ansatzweise einen Überblick geben zu wollen. Jede Buchhandlung im Norden hat eine Ecke mit niederdeutscher Literatur, je nach regionaler Ausrichtung mit den jeweiligen lokalen schriftstellerischen Größen. Eine Auswahl:

Heinrich Thies, Hinrich Kahl (Hrsg.): **Der neue Sass, plattdeutsches Wörterbuch,** DAS Nachschlagewerk mit über 10.000 Stichwörtern und den Sass'schen Schreibregeln. Wachholz Verlag.

Wolfgang Lindow: **Plattdeutsch-Hochdeutsches Wörterbuch,** umfangreiches Nachschlagewerk, Schuster Verlag.

(nur noch antiquarisch erhältlich)

Reinhard Goltz: **Plattdeutsch für Zugereiste,** humorvolle Einführung anhand knackiger Beispiele, Boyens Verlag.

Fritz Specht: **Plattdeutsch wie es nicht im Wörterbuch steht,** sozusagen schon Literatur für Fortgeschrittene, Societäts-Verlag.

(nur noch antiquarisch erhältlich)

Hartmut Cyriacks und Peter Nissen: **Sprichwörter Plattdüütsch,** Plattdeutsche Sprichwörter und ihre Bedeutungen, Quickborn Verlag.

Marianne Klook, Ingo Viechelmann: **Uns plattdüütsch Spraakbook,** eine Einführung mit einer Fülle von Beispielen und grammatikalischen Erläuterungen, Buske Verlag.

Wörterliste

In dieser Wörterliste sind etwa 1300 Stichworte versammelt, die in diesem Buch vorkommen. Dahinter steht die Seitenzahl, auf der das jeweilige Wort zu finden ist.

A

B

D

E

F

H

I

J

K

N

O

P

Q

R

S

T

Die Autoren

Hermann und **Hans-Jürgen Fründt,** Vater und Sohn, wurden beide in derselben Stadt geboren und wuchsen auch dort auf. Gleichwohl stellte sich ihre plattdeutsche Sozialisation völlig unterschiedlich dar. Hermann Fründt (Jahrgang 1927) sprach sowohl im Elternhaus nur Plattdeutsch, als auch im elterlichen Geschäft, mit den Freunden und auch in der Schule. Später im Berufsleben auf dem Bau war Platt ebenfalls Umgangssprache. Sohn Hans-Jürgen, dreißig Jahre später geboren, erlebte bereits eine deutlich andere sprachliche Situation. Obwohl in der gleichen Stadt geboren und aufgewachsen, war Platt schon lange nicht mehr dominierend, weder unter den Freunden, noch in der Schule. Sogar im Elternhaus wurde Hochdeutsch gesprochen. Vater Hermann gibt heute zu, dass Platt seinerzeit alles andere als „in" war, also wurde es zu Hause auch nicht gepflegt. Und so lernte es Hans-Jürgen durch Zuhören im Freundeskreis, da die Freunde durchaus untereinander Platt sprachen, aber niemals mit dem „Städter". Als der dann viele Jahre später trotzdem von einem plattdeutschen Buchprojekt erzählte, war die Reaktion auch entsprechend: „Duuu? Willst das machen?" Das Urteil fiel dann aber doch typisch nordisch aus: Noch lang keen Schiet!

Liebe Leserin, lieber Leser,

ein unabhängiger Verlag für unabhängig Reisende – das sind wir, der Reise Know-How Verlag aus Bielefeld, eines der letzten Familienunternehmen in der Branche. Obwohl wir zu den größten Reiseführerverlagen Deutschlands gehören, ist der familiäre Umgang miteinander in allen Bereichen des Verlagslebens zu spüren: In der Geschäftsführung in zweiter Generation, in einer wertschätzenden Arbeitsatmosphäre, in der Nähe zu unseren frei arbeitenden Autorinnen und Autoren und im engen Austausch mit unseren Leserinnen und Lesern.

Alles, was wir in unsere Bücher und Landkarten stecken, soll Ihnen eines ermöglichen: Auf Ihre ganz eigene, individuelle Weise die Welt zu entdecken. Wir wünschen Ihnen viel Freude und unvergessliche Erlebnisse mit diesem Sprachführer.

Es grüßen herzlich
Peter Rump & Wayan Rump